Warum
immer
wieso
Sex und Liebe?
schäme ich mich
verrückt
wie
kann ich
Ticke ich falsch?
alles

DANKESCHÖN …

… an die Jugendlichen, mit denen ich arbeite: Sie haben mich durch ihre Fragen und Geschichten zu diesem Buch inspiriert.

… an mein inneres jugendliches Ich: Es hat mich daran erinnert, wie sehr ich mir während meiner Pubertät einen solchen Wegweiser gewünscht habe.

… an alle, die an der Umfrage im Vorfeld teilgenommen und mir Wertvolles aus ihrer Jugend erzählten haben.

… an Herrn Hopf, dass er seine langjährige Erfahrung mit mir geteilt hat, für seine Texte und seine Empathie.

… an Oli.

Eure Corinna Leibig

Corinna Leibig, geb. 1981, ist studierte Kommunikationsdesignerin, Illustratorin und Autorin. Neben ihrer künstlerischen Tätigkeit unterstützt sie Kinder und Jugendliche mit dem Projekt „kreativ macht stark!“. Die Geschichtenerzählerin ist davon überzeugt, dass kreativer Ausdruck ein wichtiger Weg ist, um zu sich selbst zu finden. In ihren Büchern hilft sie Kindern, Jugendlichen und deren Eltern, einen authentischen Umgang mit den eigenen Gefühlen zu finden. Zuletzt ist im Mabuse-Verlag ihr Buch „Der kleine Bauchweh“ erschienen. Mehr unter: www.corinnaleibig.de

Hans Hopf, Dr. rer. biol. hum., analytischer Kinder- und Jugendlichen-Psychotherapeut, Dozent, Supervisor und Ehrenmitglied an den Psychoanalytischen Instituten Stuttgart, Freiburg und Würzburg. 2013 Diotima-Ehrenpreis. 2017 Staufer-Medaille des Landes Baden-Württemberg. Im Mabuse-Verlag erschien von ihm: „Wenn Kinder krank werden“, „Kinderträume verstehen“ und „Aggression in psychodynamischen Therapien mit Kindern und Jugendlichen“.

Corinna Leibig · Hans Hopf

Bin ich richtig?

PUBERTÄTS-WEGWEISER für Jugendliche

FRAGEN, ANTWORTEN, GEHEIMNISSE, ÜBUNGEN UND EXPERTEN-INFOS.

Mabuse-Verlag
Frankfurt am Main

Bibliografische Information der Deutschen Nationalbibliothek
Die Deutsche Nationalbibliothek verzeichnet diese Publikation in der Deutschen Nationalbibliografie; detaillierte bibliografische Daten sind im Internet unter: **http://dnb.dnb.de** abrufbar.

Informationen zu unserem gesamten Programm, unseren AutorInnen und zum Verlag finden Sie unter: **www.mabuse-verlag.de**.

Wenn Sie unseren Newsletter zu aktuellen Neuerscheinungen und anderen Neuigkeiten abonnieren möchten, schicken Sie einfach eine E-Mail mit dem Vermerk „Newsletter“ an: **online@mabuse-verlag.de**.

3. Auflage 2023

Kasseler Straße 1a
60486 Frankfurt am Main

Tel.: 069–70 79 96-13
Fax: 069–70 41 52

verlag@mabuse-verlag.de
www.mabuse-verlag.de
www.facebook.com/mabuseverlag

Satz und Gestaltung: Corinna Leibig, Wiesbaden
Druck: Grafisches Centrum Cuno, Calbe (Saale)

ISBN: 978-3-86321-420-3
Printed in Germany

DIESE THEMEN FINDEST DU IM BUCH:

Bin ich richtig?

Wie kann ich perfekt sein?

Wie kann ich frei sein?

Haben meine Gedanken recht?

Wie soll ich das alles schaffen?

Spricht mich jemand an?

Bin ich ein Großmaul?

Sex UND Liebe?

Bin ich ein Versager?

Warum träume ich so 'nen Scheiß?

Bin ich zu viel?

Wer bin ich?

Wie geht Alleinsein?

Wo fange ich an und wo höre ich auf?

Tod, wohin bringst du mich?

Warum immer ich?

Wohin mit der Wut?

Werde ich zurückgeliebt?

Bin ich abhängig?

Bin ich verrückt oder die anderen?

Fühle ich zu viel?

Werde ich gemocht?

Ticke ich falsch?

Bin ich schuld?

Werde ich gemobbt?

Wieso schäme ich mich so?

Warum lebe ich?

PUBERTÄT FÜHLT SICH AN,

... WIE IN DER BADEWANNE LIEGENBLEIBEN, WENN DAS WASSER AUSGELASSEN WIRD.

... WIE IN SIRUP FESTZUKLEBEN.

... WIE IN VIEL ZU KLEINEN SCHUHEN ZU LAUFEN.

... WIE EIN VAMPIR ZU SEIN, DER DIE SONNE LIEBT.

... WIE IM LEEREN BUS ZU SITZEN UND AUS DEM FENSTER IN DEN REGEN ZU STARREN.

Die Pubertät ist eine der schwierigsten Lebensphasen überhaupt: Dein Körper fühlt sich fremd an, deine Gefühle spielen verrückt und deine Mitmenschen sind nur noch merkwürdig. All das ist sehr anstrengend, macht ganz schön einsam und das Leben schwer.

Dabei wäre es doch schön, zu spüren, dass du verstanden wirst und dass es viele andere gibt, die genauso empfinden.

Dieses Buch hilft dir dabei. Auf den folgenden Seiten findest du typische Fragen, die sich fast alle Jugendlichen stellen. Vielleicht kennst du die eine oder andere von dir selbst. Blättere dann um und entdecke eine neue Welt.

VIEL SPASS DABEI!

POSITIVE GEDANKEN MACHEN STARK!

Stell dir vor, dein Gehirn ist ein Dschungel und deine Gedanken sind Elefanten, die sich einen Weg durch das Unterholz bahnen. Je mehr Elefanten den gleichen Weg benutzen, desto ausgetretener wird dieser, und irgendwann ist da eine breite, platt getrampelte Straße. Diese breite Straße wird häufiger benutzt als die kleinen verschlungenen Wege, da das Gehirn dadurch Energie spart.

Wenn deine Gedanken-Elefanten zum Beispiel eine Straße getrampelt haben, die heißt: „*Ich bin wertlos und irgendetwas stimmt nicht mit mir!*“, dann wiederholt dein Gehirn diesen „Glaubenssatz“ immer wieder und wieder. Mit dem Ergebnis, dass du dich wertlos und schlecht fühlst.

Pass also genau auf, was du denkst, und lerne deine Gedanken-Elefanten ab heute selbst zu kontrollieren: durch sogenannte Affirmationen, das sind einfache, klare, positiv formulierte Sätze. Am besten sagst du sie dir morgens oder abends – dann wenn du ganz entspannt bist – laut auf. Du kannst sie auch 30 Mal auf ein Blatt Papier schreiben.

Ganz wichtig: Bleib dran! Etwas in dir wird sich dagegen wehren, weil es sehr anstrengend ist – das ist ganz normal. Es dauert eben, bis sich eine gute und gesunde neue Straße in deinem Gehirn gebildet hat.

Du wirst dadurch nach und nach selbstbewusster und stärker werden. Du wirst dich mehr annehmen können, so wie du bist. Das ist wichtig für die Pubertät, aber auch für dein ganzes weiteres Leben!

Du schaffst das – wir glauben an dich!

Auf den folgenden Seiten findest du zu jedem Thema eine passende **AFFIRMATION,** *die dir hilft, dich so anzunehmen, wie du bist.*

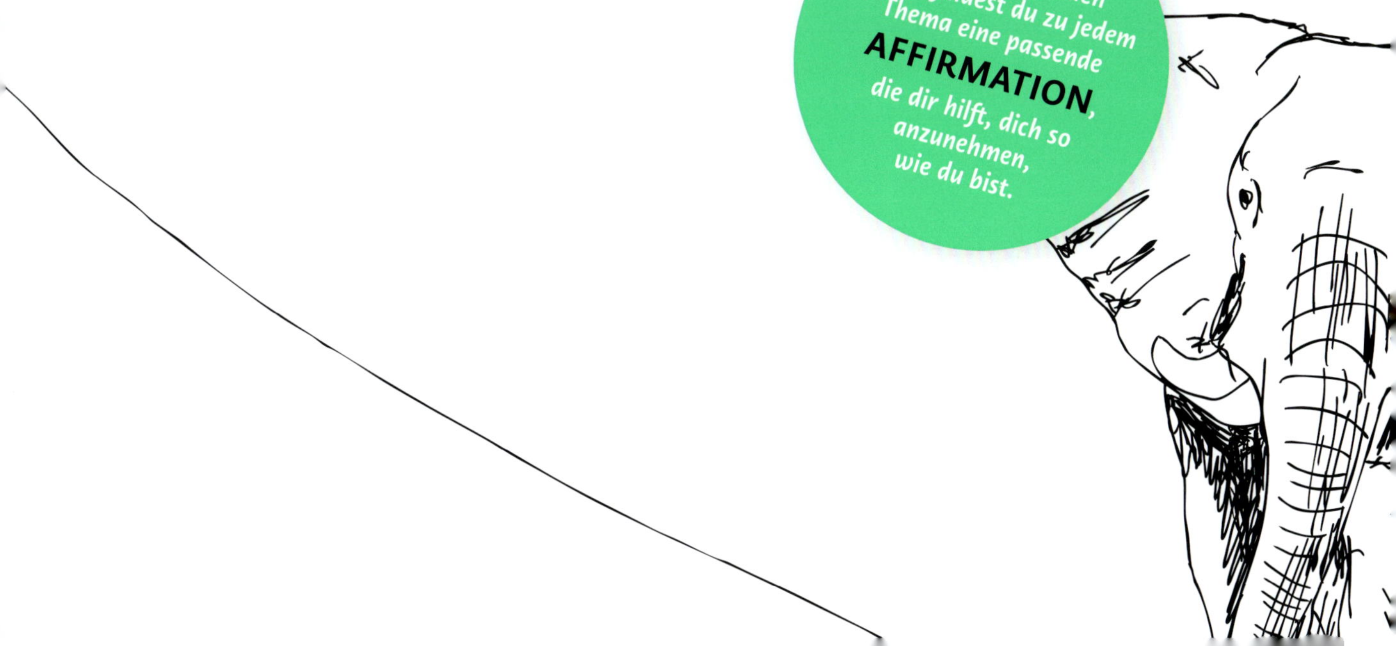

Bin ich richtig?

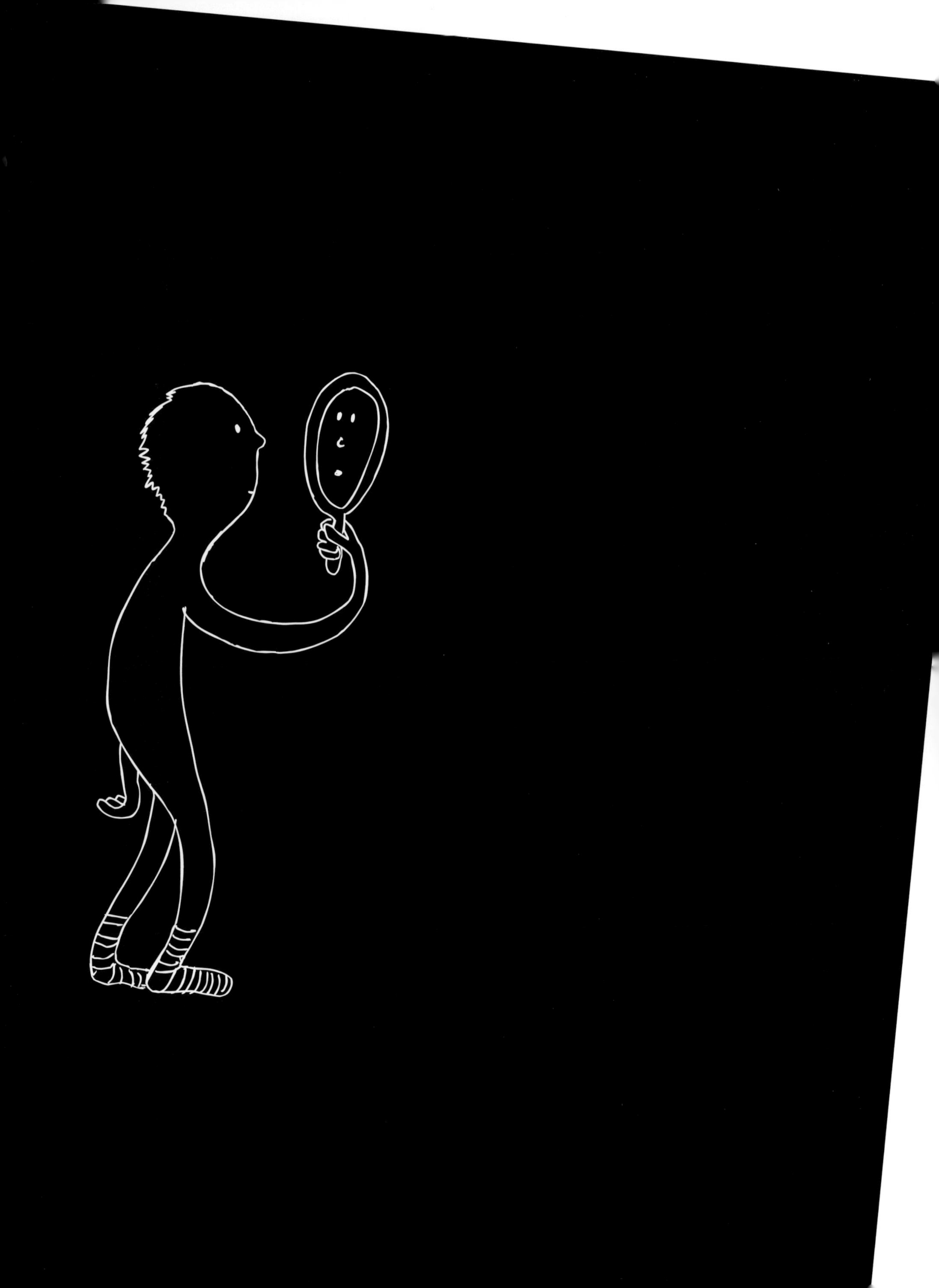

Ich bin
RICHTIG -
genau so,
WIE ICH
BIN!

BIN ICH RICHTIG?

In der Kommandozentrale – in deinem Kopf – sowie im gesamten Körper finden während der Pubertät tiefgreifende Veränderungen statt: Dein Gehirn wird umgebaut und neugestaltet. Frische Areale werden geschaffen, neue Verdrahtungen werden angeschlossen und alte Wege modernisiert. Komplettrenovierung sozusagen!
Während dieser Umbauarbeiten muss das alles auch von deiner Seele bewältigt werden. Das fühlt sich manchmal sehr verrückt an. Und es macht müde. Sehr müde! Und du wirst empfindlicher und gereizter. Alles Mögliche geht dir auf den Geist.

Manche Jugendliche werden jetzt impulsiver und risikobereiter – oft sind das die Jungs. Kennst du das von dir? Du hast plötzlich Lust darauf, eine richtig gefährliche Situation zu erleben. Du willst das Unbekannte erforschen und dir und anderen zeigen, was du wirklich drauf hast.

Viele Mädchen fühlen plötzlich doppelt so intensiv wie vorher. Das betrifft das Schöne – aber leider auch das Schreckliche ... Kennst du das? Kennst du es, wenn du ein Gefühl nicht aushältst und möchtest, dass es einfach verschwindet? Es ist jetzt wirklich sehr, sehr wichtig, dass du lernst, deine Gefühle auszuhalten (mehr hier: „Fühle ich zu viel?").
Oft sehnst du dich nach einer guten Freundin, der du alles anvertrauen kannst, auch das Supergeheime. Die Sicht auf deine Freundinnen und Freunde, auf deine Eltern und Geschwister ist komplett anders geworden – die ganze Welt scheint mit einem Mal verrückt geworden zu sein. „Oder bin ich es etwa?", fragst du dich (mehr hier: „Bin ich verrückt?").

Fast alle Jugendlichen zweifeln während dieser Zeit daran, ob sie „noch ganz richtig" sind. Alle sehnen sich so sehr danach, verstanden zu werden. Du bist mit deiner Angst also nicht alleine. Du bist anders geworden, aber genau darum bist du richtig! Und du bist wichtig – wie schön, dass es dich gibt!

ÜBUNG

Stell dich morgens nach dem Aufwachen vor den Spiegel und schau dir in die Augen. Sag dir: Ich bin richtig, genau so, wie ich bin. Und dann schick die negativen Gedanken weg. Die, die dir einreden wollen, dass du hässlich bist, fett oder dumm. Dass du ein Versager bist oder ein schlechter Mensch. Diese Gedanken führen nur dazu, dass du dich immerzu schlecht fühlst. Denke stattdessen Gutes über dich. Sei gut zu dir! Und jedes Mal, auch tagsüber, wenn du schlecht über dich selbst denkst, schicke sofort einen positiven Gedanken hinterher! Es ist erwiesen, dass Affirmationen (das sind einfache, klare, positiv formulierte Sätze) eine große Wirkung auf unser Empfinden haben.

Wie kann ich perfekt sein?

WIE KANN ICH PERFEKT SEIN?

Du möchtest so schlank und gestylt sein wie die Teilnehmerinnen von Germany's Next Topmodel, so schön wie eine Schauspielerin, so elegant wie eine Prinzessin! Du möchtest unbedingt deine Nase, deine Brüste, deinen Po operieren lassen. Du möchtest so perfekt sein, dass es nichts mehr an dir auszusetzen gibt.

Doch glaubst du, dass Jungs nur auf solche Mädchen stehen? Schönsein ist lediglich eine Fassade – ohne Leben. Sie wird erst bedeutsam, wenn Eigenschaften dazukommen, die eine Persönlichkeit ausmachen: Klugheit, Mut, Wissen, Humor, Empathie, Kreativität ...

Es ist wichtig, dass wir an uns arbeiten und uns weiterentwickeln. Aber mit einem übertriebenen Streben nach Perfektion können wir uns das Leben auch schwer machen. Perfektion kann kalt, streng und zwanghaft sein. Fühlst du dich in einer perfekt aufgeräumten Wohnung immer wohl? Ist ein perfekt gestyltes Lokal immer gemütlich? Solche Umgebungen können auch bewirken, dass wir unlebendig und starr werden. Genauso kann unser Gewissen streng und verfolgend werden und uns immerzu zwingen, alles perfekt zu gestalten. Wenn ich das dann mache, habe ich meine Freiheit verloren.

Scheitern gehört zum Leben dazu. Unsicherheiten halten uns lebendig und in Spannung. Kreativität beginnt mit ersten Ideen, die sich weiterentwickeln: Der Weg zu einer guten Lösung ist oft chaotisch. Du bist dann perfekt, wenn du dich nicht mit anderen vergleichst, sondern annimmst, wer du bist, deine Möglichkeiten erkennst und das Beste aus ihnen machst.

ÜBUNG

Stell dich vor den Spiegel und suche etwas Schönes an dir. Doch – da gibt es etwas! Deine Augenfarbe zum Beispiel. Oder das kleine Grübchen, das du beim Lachen bekommst. Suche so lange, bis du etwas gefunden hast, was dir wirklich gefällt. Jedes Mal, wenn du dich nun wieder dabei erwischt, wie du dich selbst abwertest, dich hässlich oder fett findest – lenke deine Aufmerksamkeit auf das Schöne an dir. Das, worauf wir uns konzentrieren, wächst!

Ich bin schon
PERFEKT:
Genau so,
WIE ICH BIN.
Ich mag mich
mit allen meinen
ECKEN, KANTEN
& Rundungen!

Wie
kann ich
frei
sein?

WIE KANN ICH FREI SEIN?

Du stellst fest, dass deine Eltern einfach nur peinlich sind. Andauernd hören sie diese schreckliche Musik. Du weißt, dein Vater wählt eine Partei, die du verabscheust. Deine Mutter ist immer so „ökologisch" gekleidet, von Markenklamotten hält sie nichts. Deine Eltern gehören zu einer religiösen Gruppierung, die dich herzlich wenig interessiert. Du bist vielleicht überzeugt davon, dass es zu viele Regeln und Gesetze gibt, die dich einengen. Warum musst du jeden Tag in die Schule?, fragst du. Im Anschluss musst du eine Ausbildung absolvieren, als Erwachsener wirst du jeden Tag arbeiten müssen. Nur damit du hinterher ein kleines Haus hast, so wie deine spießigen Eltern? Du glaubst, dass du es mit einer immer gleichen Tätigkeit nicht auf Dauer aushalten wirst. In so ein Hamsterrad willst du nicht geraten. Du willst nicht klein und unbekannt sein. Du willst die Welt kennenlernen, möchtest ein Abenteurer werden, willst berühmt sein.

Sich von seinen Eltern zu lösen, heißt nicht nur autark und autonom zu werden. Es bedeutet auch, dass du dich von ihren Vorstellungen, Idealen und Gewohnheiten distanzierst. Auch von ihren moralischen Anschauungen. Das geschieht gelegentlich radikal und gewaltsam. Heftige Auseinandersetzungen sind ein Bestandteil der Pubertät. Später wirst du dich manchem wieder annähern. Doch jetzt musst du deine eigene Identität finden, die sich mit deinem Körper, deinem Charakter und deiner Herkunft versöhnt. Um unabhängig und eigenständig zu sein, müssen wir auf alle Fälle für uns selbst sorgen können, wir müssen autark werden. Dazu brauchen wir Rüstzeug. Das zu erwerben, benötigt Zeit und Geduld. Warten ist aber nicht leicht! Doch danach kannst du dich an alle Lebenslagen anpassen und vieles erreichen, was du dir erträumst.

ÜBUNG

Stell dir vor, wie du später einmal leben möchtest: Wo siehst du dich in 10 Jahren? In 20 Jahren? Willst du eine eigene Familie haben? Kinder? Siehst du dich erfolgreich im Beruf? Wirst du vielleicht einmal berühmt? Reist du um die Welt oder wohnst du vielleicht sogar in einem anderen Land? Lebst du bescheiden und einfach oder bist du sehr reich? Setze deiner Fantasie keine Grenzen – du bist frei, dein Leben so zu gestalten wie du möchtest. Nicht jedes Ziel im Leben kann man erreichen – aber sehr viele deiner Träume und Wünsche werden wahr, wenn du es wirklich willst und hart dafür arbeitest! Vielleicht hast du auch gar keine Idee, was einmal kommen wird. Überlege, was dich wirklich glücklich macht. Gib dir die Zeit, die du brauchst, um dich selbst kennenzulernen.

WAS jetzt IST, GEHT IRGENDWANN VORBEI. ICH GLAUBE DARAN, DASS ICH MEIN LEBEN meistern KANN UND SO gestalte, WIE ES MIR gut TUT. ICH MACHE MICH INNERLICH frei. ICH GEHE Schritt FÜR Schritt IN MEINEM EIGENEN Tempo!

Ich darf nichts wegschmeißen!
Habe ich abgesperrt?
Mit mir stimmt was nicht!
Etwas Schreckliches wird geschehen ...

ände
schen !!!
Ich bin ein Psycho !!!
3 +3 +3
Haben meine Gedanken recht?

ICH LERNE MEINE Gedanken ZU BEOBACHTEN & ZU LENKEN. ICH SAGE

STOPP!

ICH BIN viel mehr ALS MEINE Gedanken.

HABEN MEINE GEDANKEN RECHT?

In letzter Zeit hast du oft merkwürdige Gedanken. Du tust alles, um sie zu unterdrücken, denn sie kommen dir fremd vor und erschrecken dich. Neulich hattest du blitzartig den Impuls, den Finger in eine Steckdose zu stecken. Du weißt gleichzeitig, dass du es nicht tun wirst, aber der Impuls hat dir ziemlich Angst gemacht. Du kannst auch keine einfachen Entscheidungen mehr treffen, alles muss vorher ganz genau überprüft, bedacht und überlegt werden ...

Neulich, beim Treppensteigen, hast du die Treppen gezählt. Du hast die Zahl vergessen und noch mal von vorne angefangen. Das war seltsam ...

Deine Eltern schimpfen, weil dein Zimmer ein einziges Chaos ist. Aber du kannst dich von nichts trennen, du bist dir ganz sicher, alles irgendwann noch mal zu brauchen. Kürzlich warst du im Zimmer deines Freundes. Bei ihm war alles perfekt, fast ein wenig steril. Ist das normal (mehr hier: „Wie kann ich perfekt sein?")?

Nach einem Streit mit deinen Eltern musstest du plötzlich unbedingt deine Hände waschen. Du konntest gar nicht mehr damit aufhören.

Solche Zwangsgedanken und Handlungen sind – vor allem bei Jungs – während der Pubertät nicht selten. Du erinnerst dich an den Umbau im Gehirn: Von dir wird gerade richtig viel verlangt. Jetzt können viele Unsicherheiten und Ängste auftreten. Zwänge versuchen, Ordnung zu schaffen, und in den meisten Fällen verschwinden sie von selbst. Sollten sie jedoch stärker werden und dir Angst machen und dich quälen, solltest du Hilfe suchen. Am Schluss des Buches erfährst du mehr darüber.

ÜBUNG

Vor dem Einschlafen: Stell dir vor, dass du im Korb eines Heißluftballons bist, der noch auf dem Boden steht. Du möchtest gerne abheben und federleicht über den Wolken schweben. Dafür musst du die Gewichte, die am Rand hängen, mit aller Kraft auf den Boden werfen. Wofür steht dein erstes Gewicht? Die stressige Schule? Wirf sie von Bord. Spürst du schon, wie der Ballon leichter wird und eine Handbreit über dem Boden schwebt? Wofür steht das zweite Gewicht? Deine seltsamen Gedanken? Lass sie von Bord fallen! ... usw.

Wenn du alle Gewichte losgelassen hast, dann schwebst du. Fühlt sich das nicht großartig an? Siehst du, wie klein deine Sorgen und Probleme von hier oben sind?

Wie soll ich das alles schaffen???

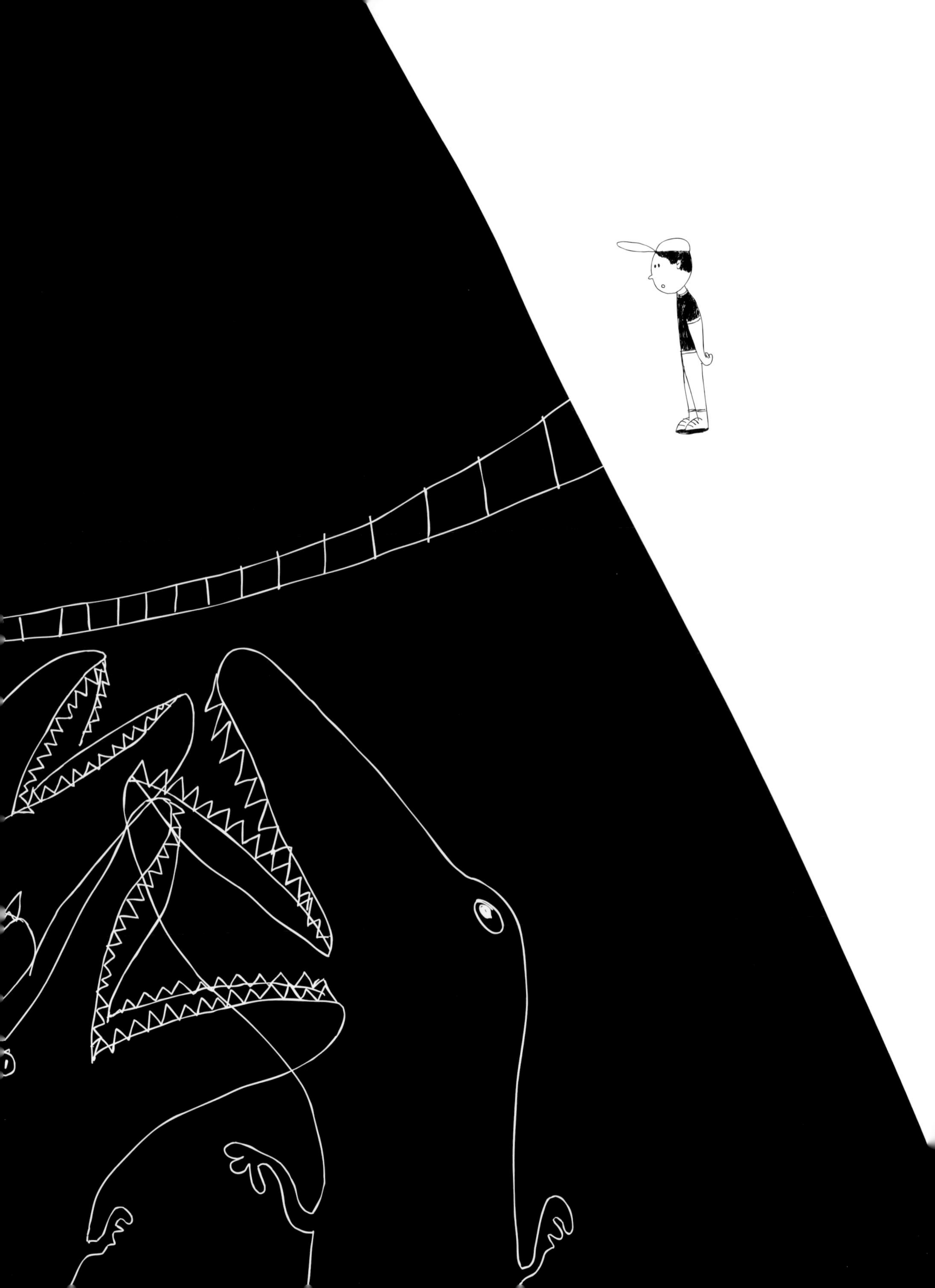

WIE SOLL ICH DAS ALLES SCHAFFEN?

Momentan ist dir alles zu viel! Du hast eine Arbeit in Mathe geschrieben. Wenn du die vermasselt hast, ist deine Versetzung gefährdet. Davor hast du eine Riesenangst, denn du möchtest unbedingt das Abi machen, weil du studieren willst. Du hattest noch überlegt, dich krankschreiben zu lassen, um die Situation und die Angst zu vermeiden.

Aber das wäre der schlechteste Weg. Wir müssen uns unseren Ängsten stellen, nur so können wir sie langfristig bewältigen – die Arbeit müsstest du sowieso irgendwann nachschreiben. Wenn du nicht ausreichend gelernt hast, hast du berechtigterweise Angst. Die lässt sich nur durch intensive Vorbereitung beschwichtigen. So gut wie alle Menschen leiden – mehr oder weniger – an Prüfungsängsten. Gegen sie helfen zum Beispiel Entspannungsübungen, denn wenn wir entspannt sind, verschwindet die Angst.

Du hast Angst, keinen Freund zu finden, bis jetzt hat sich kein einziger Junge für dich interessiert – jedenfalls nicht, dass du wüsstest!

Aber auch hier hilft Angst nicht weiter. Denk dran, dass du ein einzigartiges Mädchen bist, das sehr selbstbewusst sein kann. Du wirst ganz sicher irgendwann jemanden finden, der dir gefällt, dich versteht und mit dem du viele Gemeinsamkeiten hast. Berufswahl und Partnerwahl sind zwei Meilensteine in unserem Leben. Sie prägen den Lebensweg entscheidend.

Je früher du lernst, dich deinen Ängsten zu stellen, desto besser wirst du in deinem späteren Leben zurechtkommen. Also trau dich, du schaffst das!

ÜBUNG

Stell dir vor, die Angst verwandelt sich in eine winzig kleine Person, die mit dir reden möchte. In dieser Übung bist du viel größer als sie, also keine Sorge! Frage sie doch mal, was genau sie dir sagen möchte. Unterhalte dich mit ihr. Trinke einen Tee mit ihr. Es ist ziemlich wahrscheinlich, dass sie sogar Vorschläge für dich hat, wie du mit dem Gefühl umgehen kannst. Und ehrlich: Hätten wir niemals Angst, es könnte sein, dass wir auch niemals etwas verändern oder etwas Großes erschaffen würden. Wenn wir uns mit der Angst anfreunden, dann hilft sie uns, unser Leben zu meistern, dann bringt sie uns in Bewegung!

Die ANGST weist mir den Weg. Ich zähme meine Angst und mache sie mir zum FREUND.

Spricht
mich
jemand
an?

SPRICHT MICH JEMAND AN?

Du hast dich in einen Jungen, eine Klasse über dir, verliebt. Musst du jetzt warten, bis er dich anspricht? Das ist doch heutzutage meistens noch so, oder nicht? Ein Mädchen sollte darauf warten, bis es der Junge fragt ... Mutige Mädchen müssen sich aber nicht daran halten!

Du bist besorgt darüber, dass dich bislang noch kein Junge angesprochen hat. Du grübelst ständig, was möglicherweise an dir nicht stimmt. Bist du zu dick? Ist dein Gesicht nicht ebenmäßig, sind die Lippen zu schmal, ist die Nase zu groß? Sage dir deutlich, dass du stimmst, dass du attraktiv bist. Dich werden noch viele Jungen ansprechen und vielleicht traust du dich ja auch mal selbst? Gleichzeitig hoffst du, dass es aber der Richtige sein möge. Was ist, wenn dich ein Junge anspricht, den du nicht magst? Der dich sogar abstößt? Dann musst du Worte finden, die wahr sind, aber nicht verletzend. Warum muss das alles so kompliziert sein?

Warum verlieben wir uns überhaupt in ganz bestimmte Personen? Dabei spielen wahrscheinlich frühe Beziehungen eine Rolle. Wir werden an Menschen erinnert, die uns viel bedeutet haben. Äußere Schönheit spielt nicht die entscheidende Rolle, wirksam sind vor allem frühe Erinnerungen. Diese Empfindungen können wir jetzt auf bislang unbekannte Personen „übertragen". Dabei kann es auch bedeutungsvoll sein, dass sie den Personen unserer Kindheit so ähnlich, aber auch so unähnlich wie möglich, sein können.
Glaube fest daran: Irgendwann wird der richtige Junge in dein Leben kommen, der echte Liebe für dich empfindet und das gleiche wunderbare Gefühl in dir auslöst.

ÜBUNG

So wirst du selbstbewusster: Lerne, fremde Menschen anzusprechen und mit ihnen zu plaudern. Frag das nächste Mal nach dem Weg, anstatt das Handy zu zücken. Sag ein paar nette Sätze zu der Verkäuferin im Supermarkt, steig in das Gespräch ein, das dir die alte Omi im Bus aufdrücken will. Lerne „da draußen" präsent zu sein und lass dich überraschen, wie wundervoll Begegnungen sein können, wenn man sich dafür öffnet. Sprich die Welt an und jemand spricht dich an!

Hey DU da-
ich mag DICH!
Ich öffne mich
für die WELT.

Bin ICH ein Großmaul?

bliblablobblubb
bliblobla blablablaaaablubb
BLA blablablabla blaaaablubb
BLA BLA BLA BLAAH
blubb
BLA blablubbBAA
BLAAA Bla BLUV bliblablubb
BLUBBER
blablubb Bliblo bla blabliblAAAAA
Blubbediblubb
ablubb BLAAAH
bliblo
BLAAAAAH
BLAAAAAAH
BLA bla
blablubb
BLA
blubb
bla blibb
bla BliBlo
bla BLI
BLAAH
BLA
BUBBBA

ICH BIN
wertvoll,
AUCH OHNE
GROSSES ZU
ERREICHEN.
ICH BIN AUF
Augenhöhe
MIT DEN
ANDEREN
MENSCHEN –
ALLE
SIND WIR
gleich
VIEL
wert!

BIN ICH EIN GROSSMAUL?

Du bist toll! Du hast was drauf! Stehst du darauf, das allen auch immer wieder zu beweisen? Hast du vielleicht Probleme, dich in Gruppen zu integrieren, weil du es immer besser weißt? Fällt es dir schwer, dich in andere hineinzufühlen, sie wahrzunehmen, sie zu verstehen? Bist du oft neidisch und fühlst eine intensive Wut, wenn dir etwas misslingt? Fühlst du dich selbst vielleicht ganz tief in dir drin minderwertig und einsam, wenn du ganz, ganz ehrlich zu dir bist?

Von der Liebe und Zuwendung unserer Eltern hängt es ab, wie viel Selbstliebe wir entwickeln. Übertriebene Selbstliebe wird auch „Narzissmus" genannt. Die Selbstliebe macht den Selbstwert aus und dieser ist bei vielen Menschen nicht immer im Gleichgewicht. Alle Menschen wollen gerne gesehen, viele sogar bewundert werden. Aber manche versuchen es zu erzwingen: Indem sie immer im Mittelpunkt stehen müssen, unendlich viel reden, oder Überdurchschnittliches leisten. Und sie sind sehr kränkbar.
Empfindsame Menschen reagieren auf Kränkungen besonders heftig. Einige ziehen sich zurück und können wegen solcher Verletzungen sogar krank werden. Das kann besonders beim Mobbing der Fall sein.
Andere reagieren auf Kränkungen mit einem beinahe unstillbaren Zorn. Sie können regelrecht explodieren. Man nennt einen solchen Durchbruch auch narzisstische Wut. Sie richtet sich auf alle Personen der Außenwelt, kann aber auch selbstschädigend werden, dann richtet man die Wut gegen sich selbst.

Wir müssen lernen, mit Kränkungen umzugehen. Sie wirken immer verletzend, ganz besonders von jenen, die uns nahestehen. Es ist nicht hilfreich, uns zurückzuziehen. Aber noch gefährlicher ist es, wenn wir aus der Wut heraus agieren. Danach erleben wir schlimme Schuldgefühle.
An der Festigung unseres Selbstwerts müssen wir unser Leben lang arbeiten. Vielleicht hast du gelernt, dass du erst etwas leisten musst, um geliebt zu werden. Doch wisse: Du bist wertvoll, auch wenn du nichts Großes leistest. Deine pure Existenz genügt. Wie schön, dass du auf dieser Welt bist!

ÜBUNG

Schreibe eine Liste mit all deinen Freunden und deinen „Feinden". Hinter jeden Namen – egal ob Freund oder Feind – schreibst du nun Dinge oder Eigenschaften, die ihr gemeinsam habt. Überlege so lange, bis du mindestens eine Gemeinsamkeit gefunden hast. Das Ziel dieser Übung: erkennen, dass uns alle viel verbindet, dass niemand wichtiger oder minderwertiger ist als der andere.

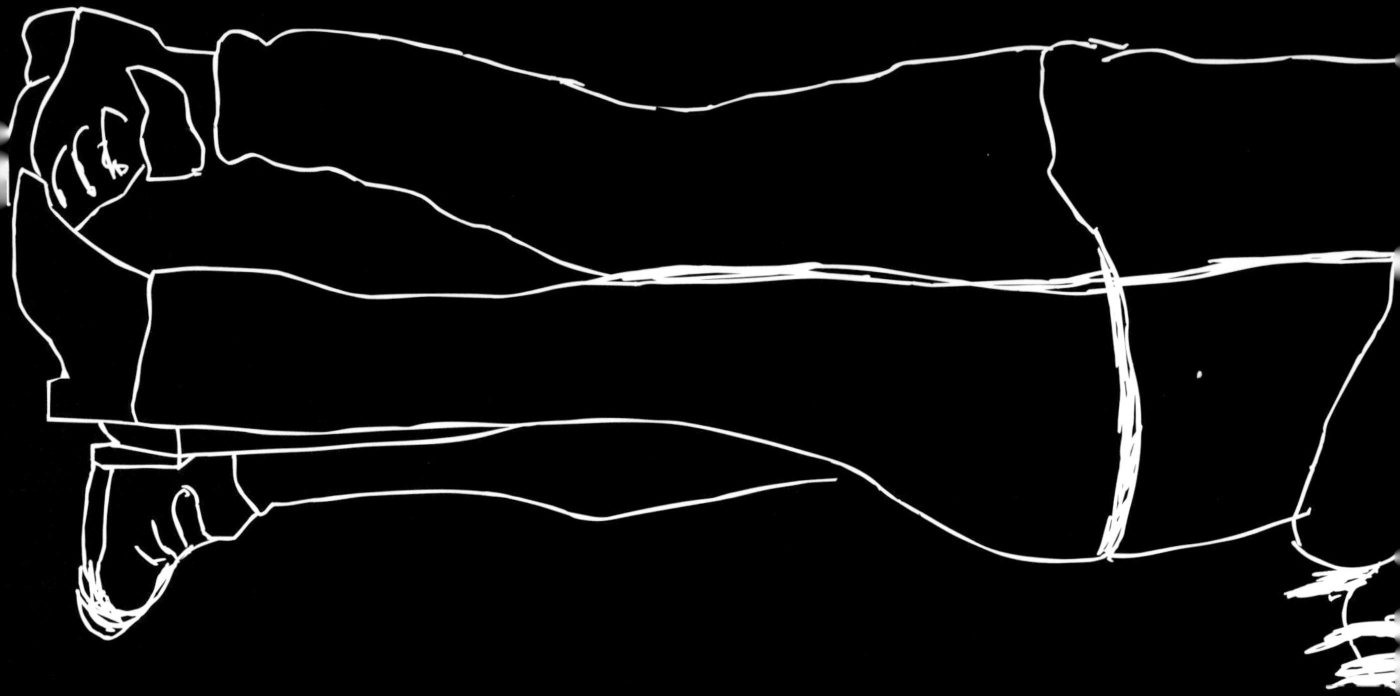

Sex
UND
Liebe?

ICH RESPEKTIERE
MEINE Grenzen.
ICH RESPEKTIERE
DIE GRENZEN
MEINES Gegenübers.
ICH lasse
MICH ein.

SEX UND LIEBE?

Sexualität ist einer unserer wichtigsten Triebe und dient zu allererst der Fortpflanzung. Die Sexualität der Menschen unterscheidet sich aber grundlegend von der Sexualität anderer Lebewesen: Sie wird nämlich von Fantasien und Gefühlen begleitet. Diese regen uns an, einen Geschlechtspartner außerhalb der Familie zu suchen und zu finden.
In der Pubertät explodiert die Sexualität und will unbedingt gelebt werden. Zum Beispiel mit sich alleine durch Selbstbefriedigung. Oder zu zweit. Oder sogar zu dritt ...? Es ist schön und ganz natürlich, sich selbst zu berühren und zu lieben: Es gibt kein zu viel oder zu wenig. Es ist allerdings auch wichtig, aushalten und aufschieben zu lernen.

Triebe reimt sich auf Liebe. Doch manche Menschen trennen Sex gelegentlich von Liebe. Davon lebt eine ganze Industrie, wie du sicherlich weißt. Manchen genügen Pornos – sie können sogar süchtig machen (mehr hier: Bin ich abhängig?). Andere Menschen versuchen ihr Gegenüber bewusst zu überreden, mit ihnen Sex zu haben, ohne verliebt zu sein. Wieder andere wollen Sex nur MIT Beziehung. Dir sollte klar sein, dass du beim Sex auch für die Gefühle des Mädchens/des Jungen Verantwortung trägst. Niemand sollte sich zum Sex erpressen lassen. Jemanden, der dich und deine Wünsche nicht achtet, sollest du lieber in den Wind schießen.
Sex wird erst durch Liebe vollkommen. Romantische Liebe zu einem anderen Menschen ist wohl eines der schönsten Gefühle, die wir haben können ...

ÜBUNG

Versuch mal, wenn du dich selbst berührst und befriedigst, deinen Kopf auszuschalten. Spüre nur dich und deinen Körper. Verzichte auf Bilder, Geschichten oder Erinnerungen. Übe, ganz im Hier und Jetzt zu sein und liebe dich selbst! Lust kann so viel mehr sein ...

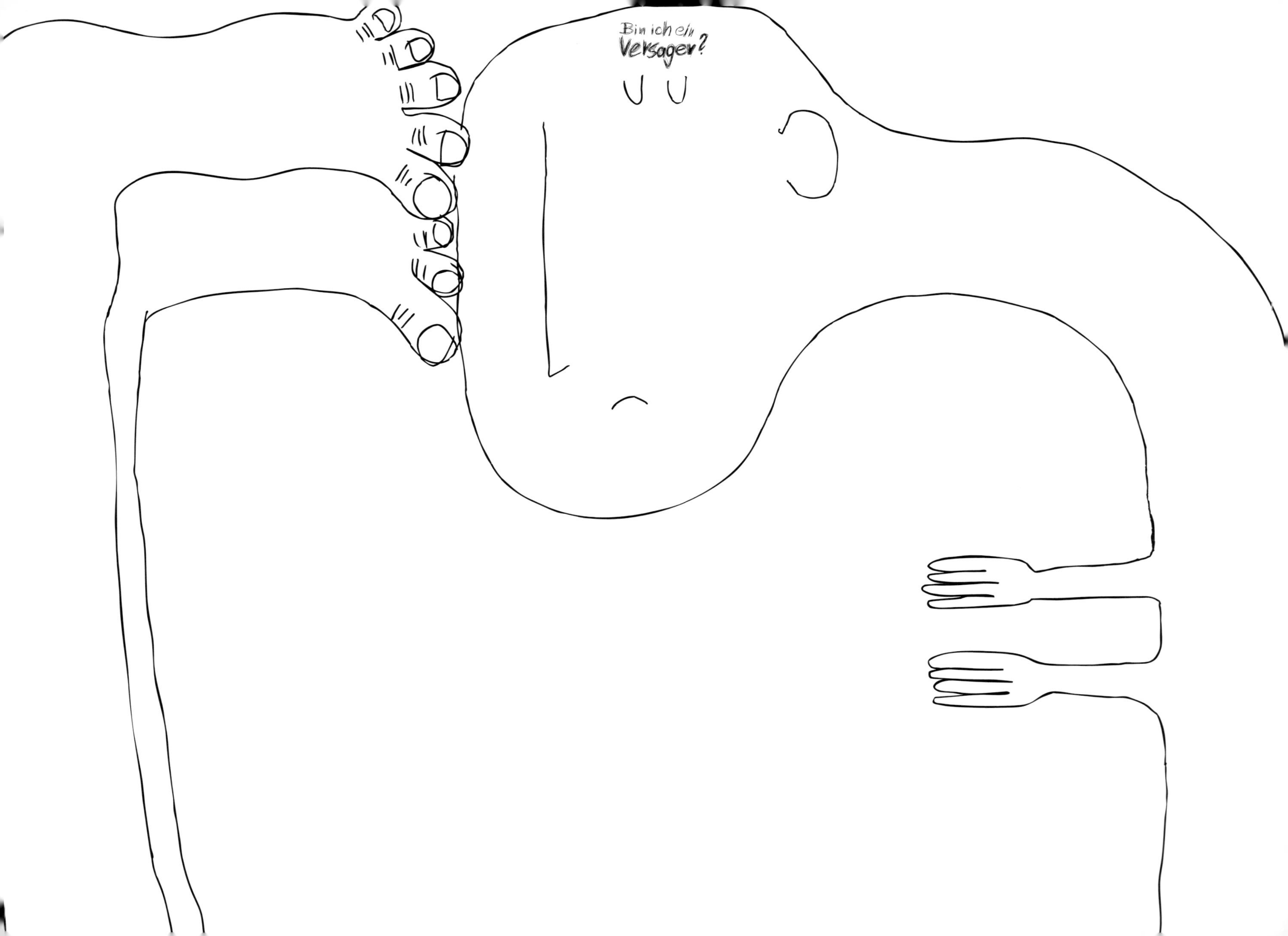
Bin ich ein Versager?

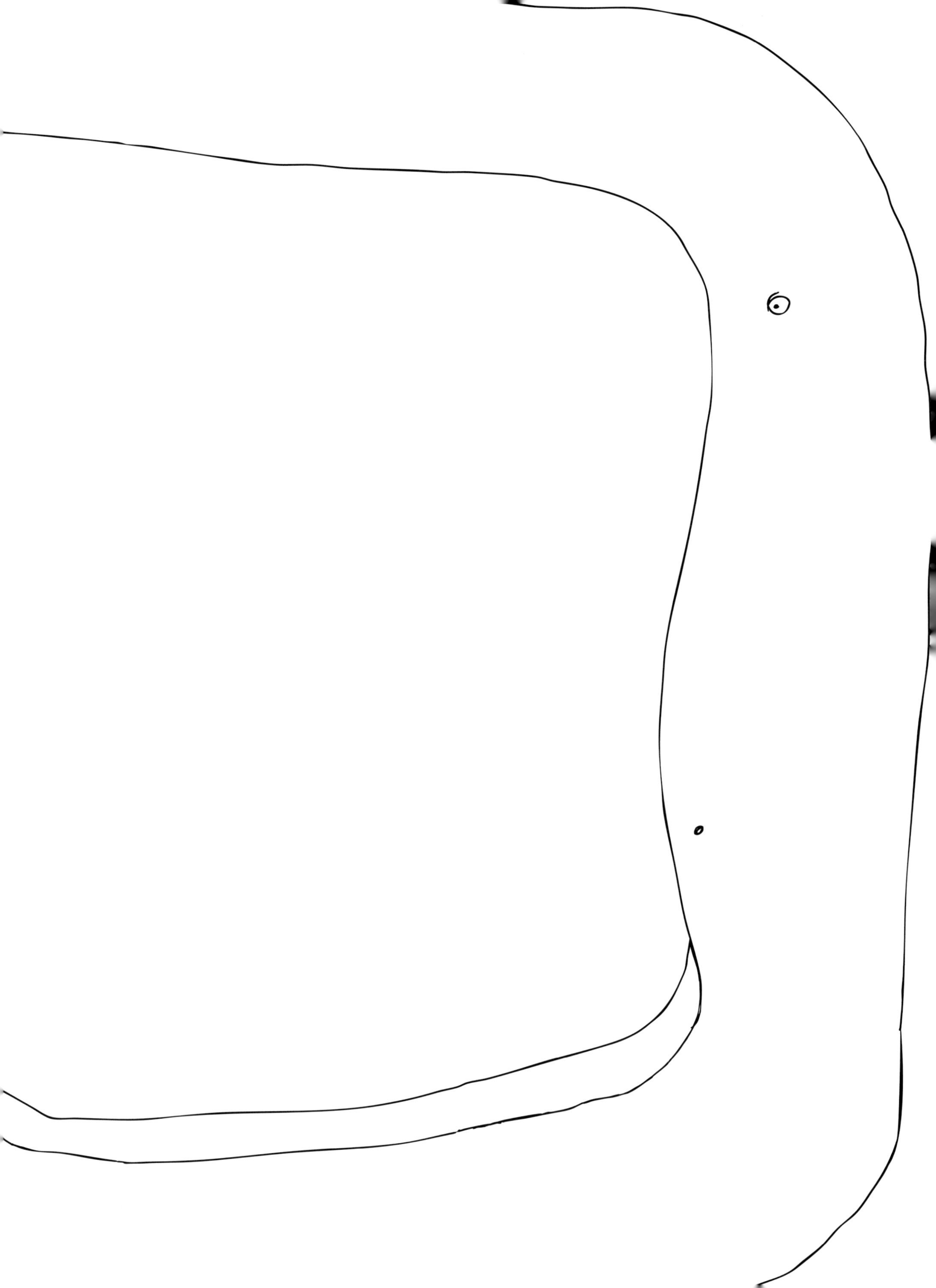

BIN ICH EIN VERSAGER?

Wenn du allein zur Schule gehst, hast du immer viele Fantasien. Du bist Harry Potter, James Bond, manchmal auch Spiderman. Es werden ganz aufregende Geschichten, danach fühlst du dich richtig gut.

Beim Aufsatzschreiben fällt dir nichts ein, denn du willst deine Gedanken nicht preisgeben. Dein Lehrer hat dich fantasielos genannt! Dabei möchtest du einmal groß und berühmt sein. Ein Fußballspieler in der Nationalmannschaft. Ein Astronaut. Ein Abenteurer, ein Erfinder! Aber im Zeugnis stehen so viele schlechte Noten. Dein Lehrer hat gemeint, du wärst „aufmerksamkeitsgestört".

Manchmal glaubst du, deine Lehrer und deine Eltern hätten recht. Dann denkst du: „Ich kann nichts, ich bin nichts." Klein und elend fühlst du dich dann. Das ist ein abscheuliches Gefühl. Vor allem ist es falsch!

Jeden Menschen gibt es nur einmal auf dieser Welt. Also wirst auch du etwas Einmaliges sein und Besonderes leisten. Wichtig ist, daran zu glauben. Noten sind zwar wichtig, aber sie sind „Momentaufnahmen". Du kannst viel mehr! Du wirst es noch allen zeigen!

ÜBUNG

Heute beginnst du mit deinem ganz persönlichen Erfolgstagebuch! Da schreibst du alles rein, was du heute gut gemacht hast. Du hast dich zum Beispiel getraut, vor allen den Mund aufzumachen und deine Meinung zu sagen – obwohl du wusstest, dass die anderen ganz anders denken als du. Du hast dich überwunden und dieses süße Mädchen angesprochen, obwohl du so schreckliche Angst davor hattest … Schreib oder zeichne außerdem auf, was du in Zukunft erreichen willst und wie du es erreichen willst. Was fehlt dir dafür noch? Was musst du verändern, um dein Ziel zu erreichen? Was kann dabei schlimmstenfalls passieren? Wer könnte dir dabei helfen? Warte nicht darauf, dass alles von alleine zu dir kommt – gestalte du aktiv dein Leben und sei bereit, Fehler zu machen und daraus zu lernen!

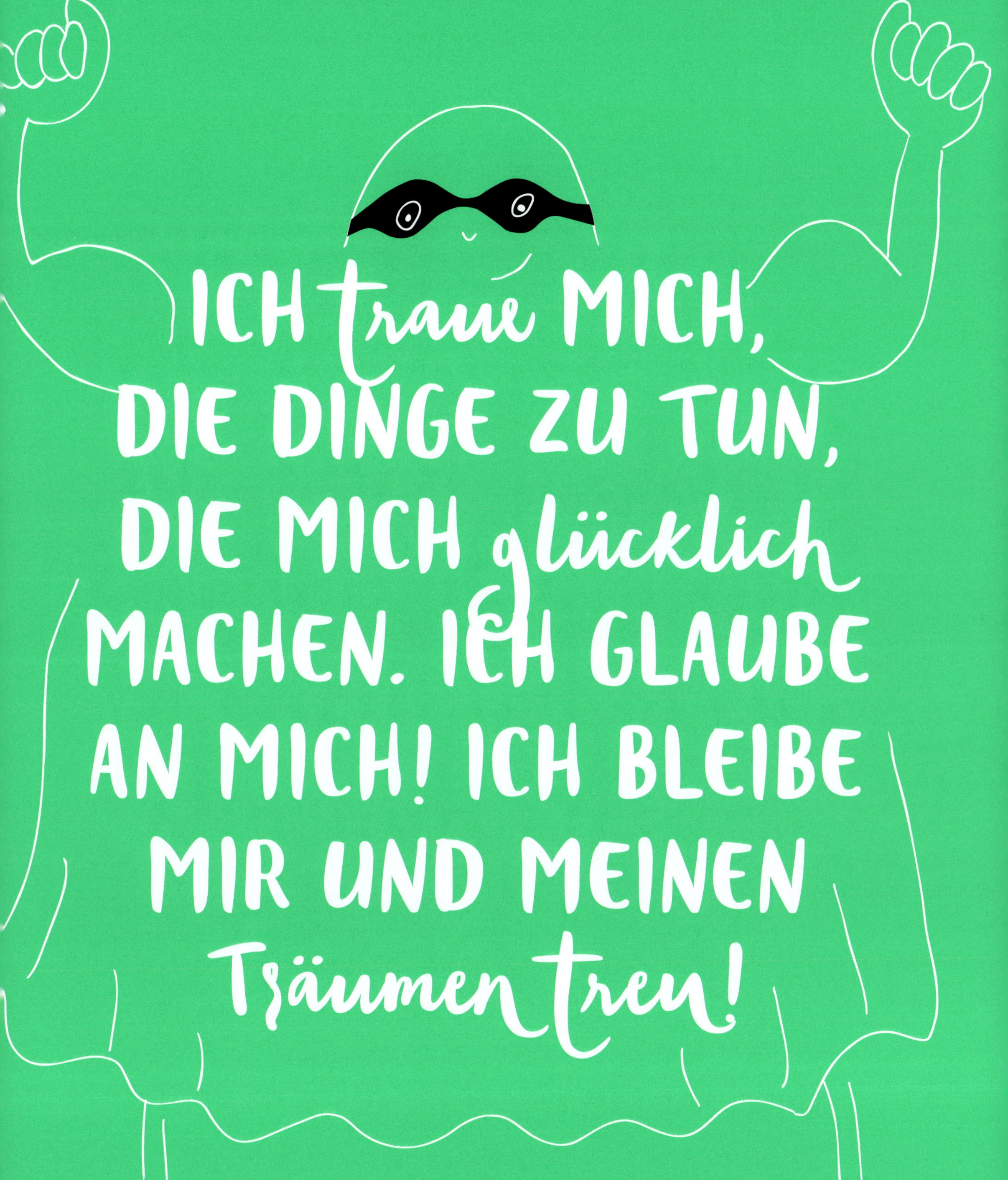
ICH traue MICH,
DIE DINGE ZU TUN,
DIE MICH glücklich
MACHEN. ICH GLAUBE
AN MICH! ICH BLEIBE
MIR UND MEINEN
Träumen treu!

Warum
so nen

träume ich
Scheiß?

Ich bin bei mir ZU HAUSE.
Ich habe VERTRAUEN ins LEBEN.

WARUM TRÄUME ICH SO 'NEN SCHEISS?

Du hast geträumt, dass du über eine hohe Mauer kletterst. Auf der anderen Seite war eine Wildnis mit gruseligen, gefährlichen Tieren. Als du über die Mauer gestiegen bist, hast du festgestellt, dass dein Knie blutet.

Du hast geträumt, die Erde sei nach einem Krieg völlig verwüstet. Vor dir lag ein See und du musstest auf die andere Seite schwimmen. Das Wasser war sehr kalt. Ein Mann kam dir entgegen und hat dich ausgelacht. Du hattest Angst, das andere Ufer nicht mehr zu erreichen.

In der Pubertät werden die Traumbilder komplexer und verwirrender. Oft geht es um den Beginn der Sexualität und um aggressive Wünsche. Das kann richtig viel Angst machen! Vom Mädchen wird verlangt, dass sie zur Frau werden soll und sich in einer neuen Welt zurechtfindet. Das Gleiche muss der Junge leisten, der sich bewähren soll, er muss zum Mann werden.

Kernthema ist also die Sexualität und der Aufbruch in die fremde Welt des Erwachsenenseins: Nicht selten kommt es zu Träumen, wo etwas Böses in eine ehemals harmonische Welt einbricht, Bilder von Vulkanausbrüchen, Überschwemmungen und Katastrophen, aber auch von Wandlungen. Bei Mädchen sind es oft männliche Verfolger, manchmal mit Messern, Stangen oder Pistolen, Einbrecher, die nächtliche Schrecken verbreiten. Diese Verkleidung mit Symbolen erfolgt aus gutem Grund, weil der Träumer die ängstigenden Konflikte noch nicht beim Namen nennen kann.

ÜBUNG

Schreib deine Träume jeden Morgen direkt nach dem Aufwachen in ein Traumtagebuch. Oder mach eine Skizze vom Inhalt deines Traumes. So kannst du beobachten, wie sich deine Träume verändern und einiges über dich und dein Unterbewusstsein lernen. Manche schönen Träume können richtige Energiegeber sein, manche schlimmen Träume kannst du aus dir herausschreiben. In anderen Träumen hast du kreative Ideen!

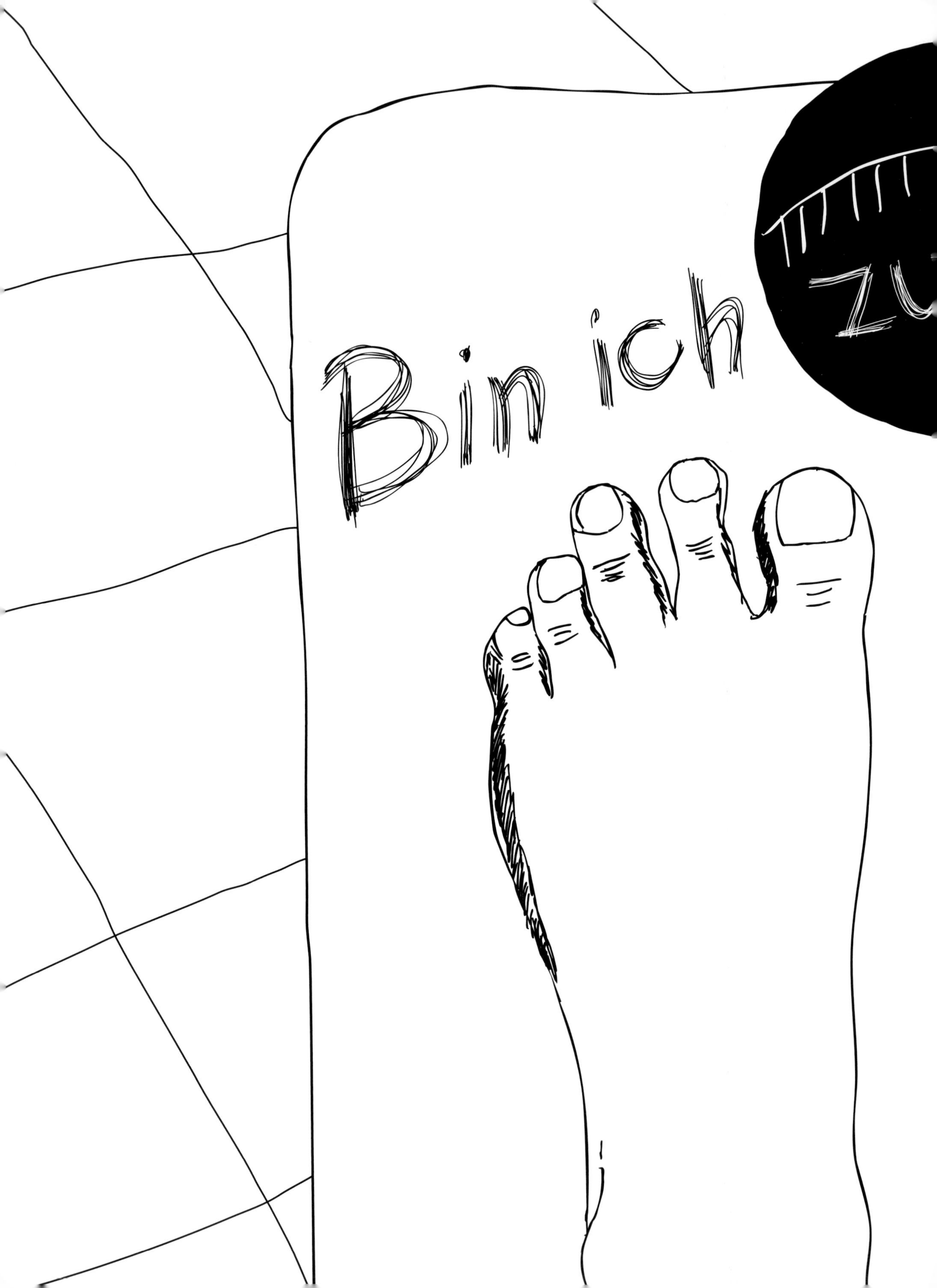
Bin ich zu

viel

BIN ICH ZU VIEL?

Dein Vater hat mit breitem Grinsen gemeint, du hättest ganz schön dicke Oberschenkel. Das war total übergriffig von ihm. Du hast dich wenig später gewogen, hast aber überhaupt nicht zugenommen. Doch seither brodelt es in dir. Bin ich zu viel? Sind meine Oberschenkel zu dick? Meine Hüften zu breit? Meine Oberarme so groß, dass ich im Sommer kein Top tragen kann? Ich habe Angst, deswegen gemobbt zu werden!

Mädchen wird nicht selten ein strenges Gewissen von den Eltern eingepflanzt. Sie halten in der Regel zwar mehr aus als Jungen, sind ausdauernder und geduldiger. Doch bereiten ihnen Aggressionen gegen Mutter oder Vater leicht ein schlechtes Gewissen mit starken Schuldgefühlen (mehr hier: „Bin ich schuld?“). Denn eigentlich hättest du deinen Vater energisch zurückweisen können, dass er auf seinen eigenen Bauch achten solle. Eigentlich hättest du für dich einstehen müssen!

Unser Schönheitsideal wird von der Gesellschaft diktiert. Nicht selten wird die Schönheit von Frauen auf die Figur reduziert. Das bewirkt, dass schon Mädchen ängstlich auf ihr Gewicht achten, was im schlimmsten Fall zu Essstörungen führen kann. Zu anderen Zeiten galten auch andere Ideale. Das gilt auch für andere Länder. Dort, wo es nicht genügend zu essen für alle Menschen gibt, gibt es keine Essstörungen.

Lass dich nicht von deinem Vater verunsichern und lass dich nicht von oberflächlichen gesellschaftlichen Normen beeindrucken. Du wirst deinen Körper immer besser kennenlernen und dich immer wohler in ihm fühlen. Er ist der körperliche Teil deines Selbst. Du bist gerade richtig, genau so, wie du bist!

ÜBUNG

Bereite dich darauf vor: Das nächste Mal, wenn ein abwertender, übergriffiger Kommentar über deine Figur kommt, antworte schlagfertig! „Wie gut, dass dein Bauch nicht so dick ist.“, „Du glaubst nicht, wie viel Erfolg ich damit habe ...“, „Ja und ich arbeite echt hart daran, dass sie (meine Schenkel) so dick werden, wie dein IQ hoch ist“, „Was für eine originelle, witzige und wertschätzende Bemerkung – Hätte ich gar nicht von dir erwartet!“, „Wärst du glücklicher, wenn ich dünner wäre?“
Was fällt dir noch so ein?

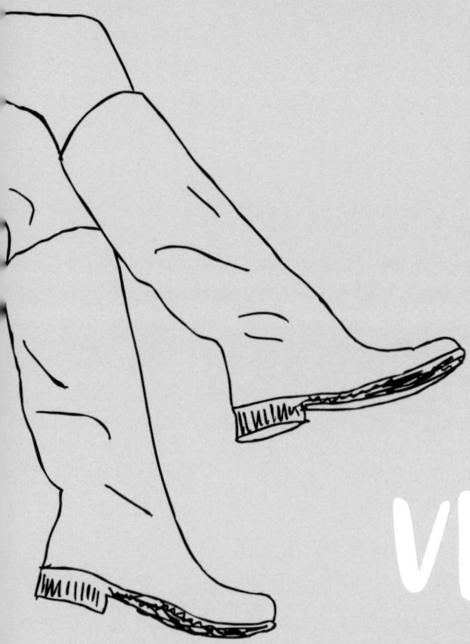

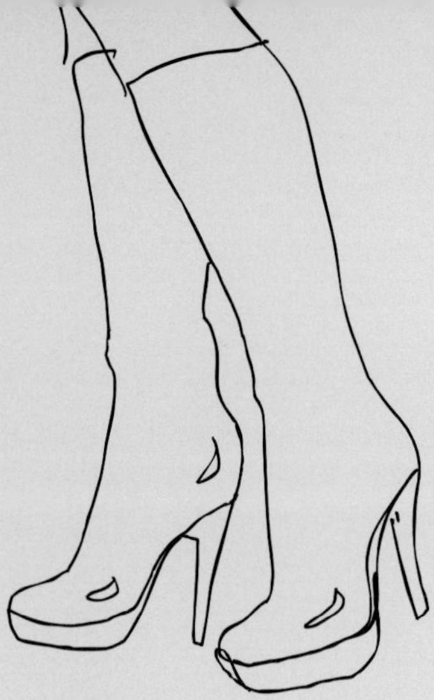

Ich bin
VIELSEITIG &
gerade RICHTIG,
so wie ich bin.
Ich bin NEUGIERIG
darauf, jeden Tag
NEUES an mir zu
entdecken.

Wer bin ich?

ICH BIN, wer ich bin.

Ich bin ganz einfach ICH.

Ich bin ein TEIL DIESER WELT.

Nur ich WEISS, wie es geht, ich zu sein.

WER BIN ICH?

Das ist eine der größten Fragen der Menschheit. Nicht nur Jugendliche stellen sie sich, sondern alle Menschen in allen Lebensphasen immer mal wieder. Jedes Mal wird sie neu beantwortet, denn man verändert sich ständig.

Aber wer bist DU? Du bist unverwechselbar, du bist einzigartig. Jeden Menschen gibt es nur einmal – dich gibt es nur einmal. Damit sind nicht nur deine Erbanlagen gemeint, sondern auch deine Seele – dein Denken, dein Fühlen, deine Fantasien, deine Hoffnungen und Wünsche ... Nicht ohne Grund möchtest du gerade jetzt wissen, wer du bist. Psychologen nennen das die Frage nach deiner Identität. Du blickst jetzt schon auf viele Lebensjahre, auf manche Lebensereignisse zurück. Du hattest enge Beziehungen zu deinen Eltern oder zu anderen Verwandten, viele Kontakte zu Freundinnen und Freunden. Aus allen Beziehungen hast du auch etwas Wichtiges für dich gewonnen. So ist mit der Zeit deine unverwechselbare Persönlichkeit entstanden.

Wer und was wird einmal aus dir werden, fragst du dich ... Wohin wird dich dein Weg führen? Mit welchen Menschen willst du unterwegs sein? Was wirst du einmal im Leben erreichen? Bist du Deutscher, Türke, Italienerin, Araber – zu welcher Nation zählst du dich? Oder zu keiner? Glaubst du an Gott? Führst du mit ihm gelegentlich einen Dialog? Fühlst du dich oft noch als Kind oder schon als junge Frau / als junger Mann? Denkst du gelegentlich daran, wie es ist, mit jemandem zusammenzuleben, vielleicht eigene Kinder zu haben? Mit einem Mal hast du so viele Gedanken, die sich um das Damals, das Heute und die Zukunft drehen. Sie sind aufwühlend und neu! Manchmal fühlst du dich glücklich, gelegentlich bist du auch traurig! Das alles und noch viel mehr – das bist du.

ÜBUNG

Schnapp dir Zettel und Stift und beantworte folgende Fragen:
Wie bin ich? Was brauche ich? Worin bin ich gut? Was fällt mir schwer? Was interessiert mich? Was ist mir wichtig? Woran glaube ich? Was will ich erreichen? ... Was glaubst du passiert, wenn du dir die gleichen Fragen ein Jahr später stellst? Probiere es aus!

Wie geht Allein sein?

WIE GEHT ALLEINSEIN?

Letzte Nacht bist du aufgewacht und hattest viele verzweifelte Gedanken. Du hast dich so schrecklich allein gefühlt. Du hast überlegt, ob dich jemals irgendjemand so richtig lieben wird. Ob er dich schön finden wird. Ob er dich, so wie du bist, haben will.

Vergangene Woche hattest du mit deinen Eltern einen fürchterlichen Streit. Du hast ihnen klar gemacht, dass du ab jetzt sicher nicht mehr mit ihnen in den Urlaub fahren würdest. Du hast dich mega gefreut, dass es dir gelungen ist, dich durchzusetzen. Nächste Woche werden sie abreisen. Jetzt hast du Angst. Du befürchtest, dass du es nicht aushältst, zwei Wochen allein zu sein.

Neulich warst du bei einer Party eingeladen. Deine Freundin hat kurzfristig abgesagt und du musstest allein hingehen. Du hast überlegt, auch abzusagen. Dann bist du doch hingegangen: Es war so schrecklich, den Raum zu betreten, in dem alle schon gesessen und geredet haben.

Alleinsein ist ein graues Gefühl. Die Zeit kann sich endlos dehnen. Aber wenn du gelernt hast, allein zu sein, kann es auch großartig sein. Dann fühlst du dich stark, es fallen dir so viele Dinge ein, die du machen willst. Du wirst in deinem Leben noch viele lebendige Beziehungen haben und viele wundervolle Dinge erleben.

ÜBUNG

Mach was, wenn du dich alleine fühlst! Erinnerst du dich, wie du als kleines Kind ganz versunken gespielt hast? Nur du alleine mit dir? Alles war perfekt, du warst ganz im Hier und Jetzt. Das kannst du auch heute noch. Räume die hinterste Schublade aus und krame in alten Erinnerungen. Mach laute Musik an und tanz, bis du nicht mehr kannst. Mach ein Puzzle. Ja – ein Puzzle! Dusch dich warm ab und leg dich nackt im kuscheligen Handtuch auf den Boden. Mach einen langen Spaziergang und sammle Blätter.

ICH NEHME
MEINE Einsamkeit
AN DIE EINE
HAND & MEINE
Traurigkeit
AN DIE ANDERE.
DANN MACHE
ICH MIT DEN
BEIDEN
EINEN GANZ
LANGEN
Spaziergang.

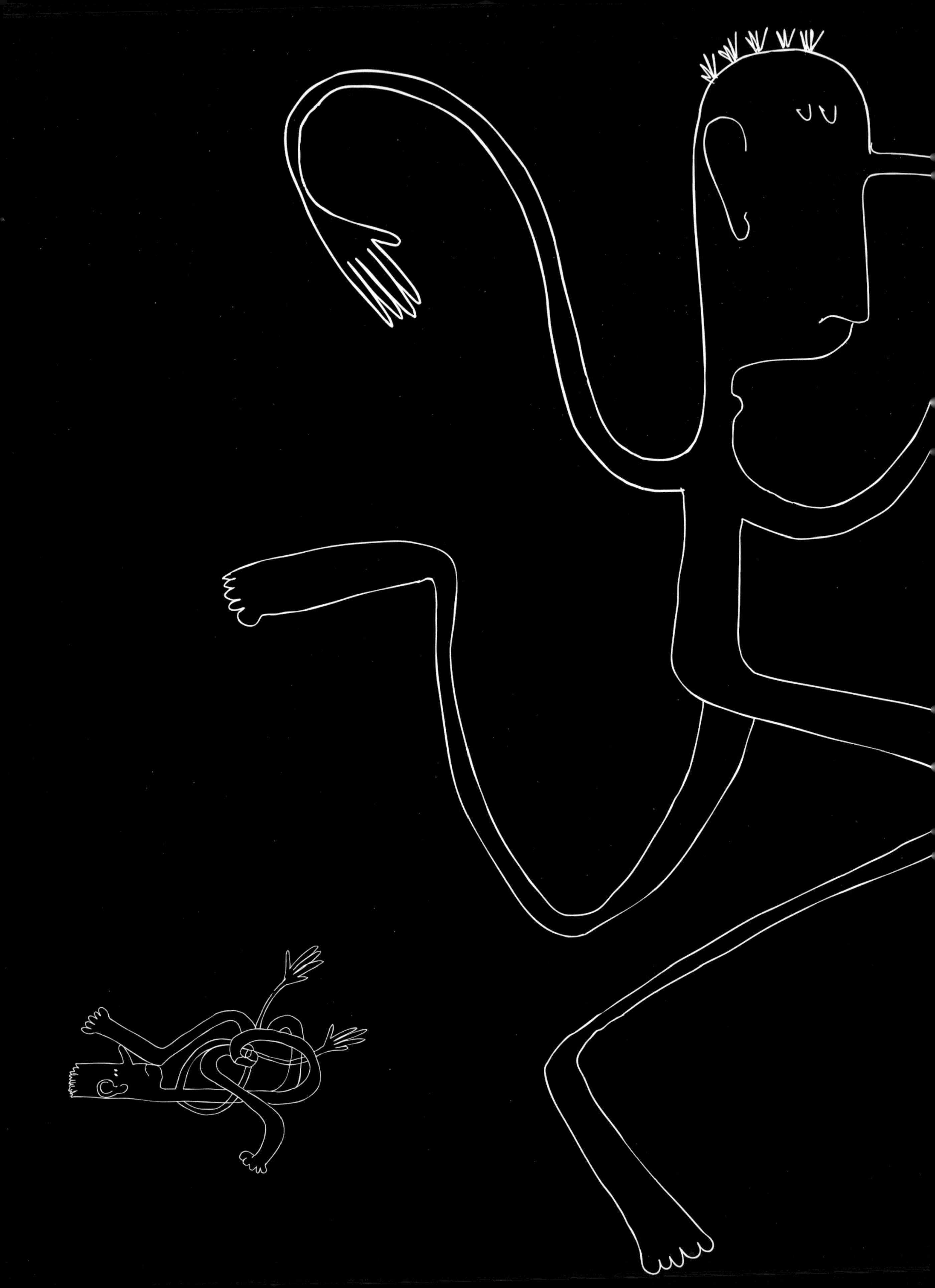

Wo fange ich an und wo höre ich auf?

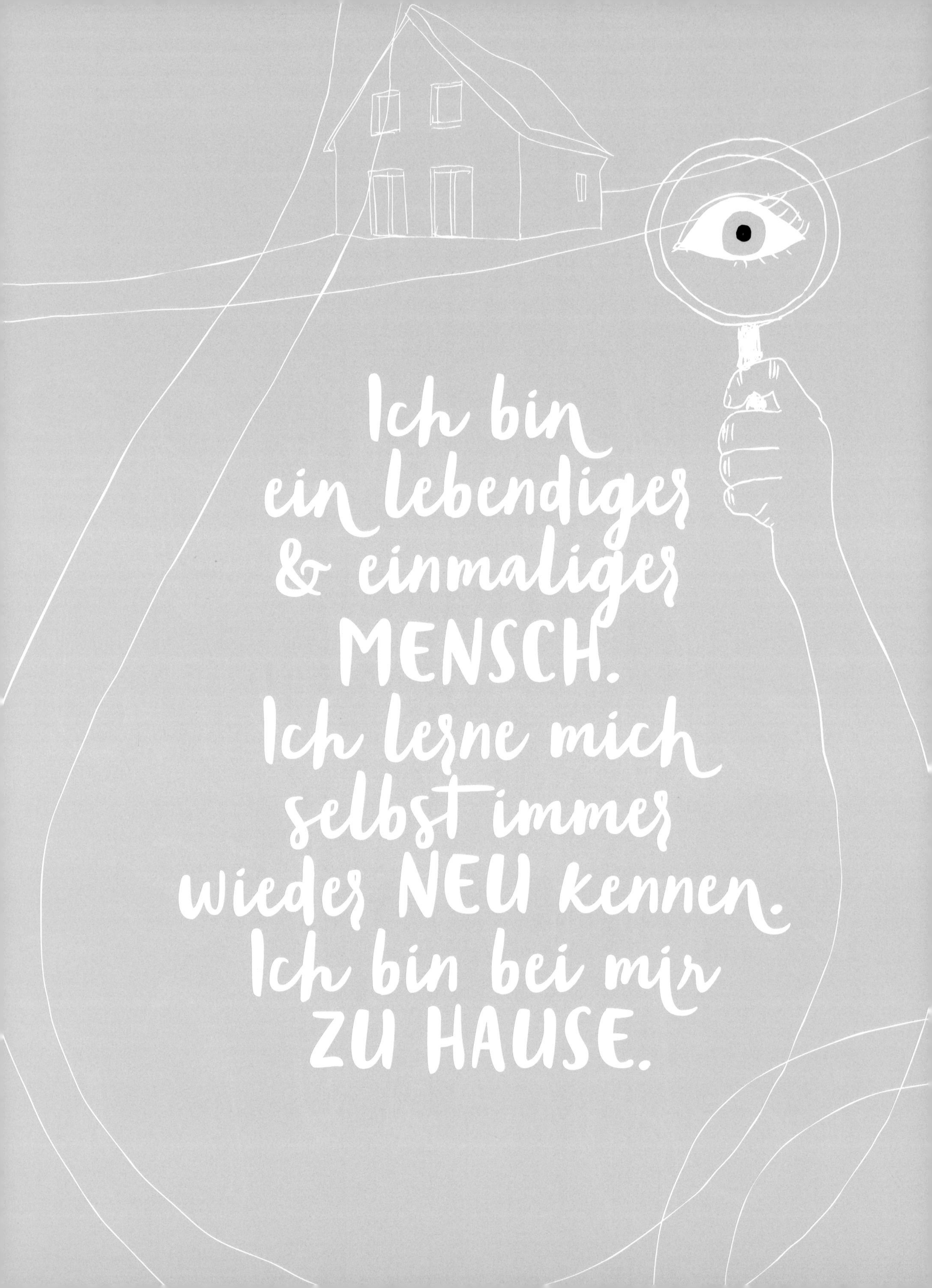
Ich bin
ein lebendiger
& einmaliger
MENSCH.
Ich lerne mich
selbst immer
wieder NEU kennen.
Ich bin bei mir
ZU HAUSE.

WO FANGE ICH AN UND WO HÖRE ICH AUF?

Neulich hast du nach dem Aufwachen dein langes Bein mit dem großen Zeh gespürt. Als du beim Frühstück nach der Tasse gegriffen hast, hast du sie umgestoßen – du könntest schwören, dein Arm war gestern noch viel kürzer! Du hast dich gefragt: Wo fange ich an und wo höre ich auf? Gehören diese überdimensionalen Körperteile überhaupt zu mir? Du fühlst dich in dem neuen Körper überhaupt nicht wohl. Alles ist so lang, so groß, so unförmig geworden. Auch deine Stimme ist komisch und fremd: Sie klingt oft heiser und dann kippt sie plötzlich. Das ist so peinlich!

Dich ängstigen die neuen körperlichen Reaktionen und sexuellen Bedürfnisse. Manchmal fürchtest du, die Kontrolle über deinen Körper zu verlieren. Über deine Leistungsfähigkeit, deine Sexualität, aber auch über deine Gefühle. Oft bist du gereizt. Manchmal bist du voller Wut. Manchmal lässt du sie jemanden spüren, der sich gerade anbietet, so wie zum Beispiel neulich deine Mutter. Sie hatte dich doch nur irgendwas gefragt und du bist explodiert. Danach hast du dich schuldig gefühlt und warst depri.

Denk dran, dass es allen Jugendlichen so geht, wenn sie lernen müssen, sich in einem neuen Körper zu Hause zu fühlen. Es ist wie ein erzwungener Umzug in eine fremde Wohnung. Wir müssen uns von alten Gewohnheiten verabschieden, von Geborgenheit und Sicherheiten. Später werden wir uns über alles Neue freuen. Du wirst glücklich darüber sein, ein starker, attraktiver Mann zu sein. Du wirst stolz auf deine volle Stimme sein. Bald hast du die neue Wohnung erobert. Dein Körper wird ganz zu dir gehören, nichts wird mehr fremd sein.

Hab ein wenig Geduld!

ÜBUNG

Stell dir vor, du bist ein Entdecker: Jeden Tag darfst du etwas Neues an dir, deinem Körper, deinen Gedanken entdecken. Du entscheidest nämlich, wie du eine Situation bewertest: Du kannst dich davor fürchten oder neugierig sein ...

Tod, wohin bringst Du mich?

67

TOD, WOHIN BRINGST DU MICH?

Der Tod gehört zum Leben. Niemand kann ihm entgehen. Darum hast du, wie jeder Mensch, auch Angst vor dem Tod. Mit dem Tod verlierst du alles. In jeder Trennung ist etwas vom Tod enthalten: „Abschied nehmen ist immer ein Stückchen Tod“, heißt es. Todesangst und Trennungsangst sind Geschwister. Wir müssen uns mit ihnen versöhnen, wir müssen den Tod kennenlernen und dürfen ihm nicht aus dem Weg gehen.

In dunklen Zeiten, die während der Pubertät bei jedem Jugendlichen irgendwann angesagt sind, sehnen wir uns gelegentlich nach dem Tod. Manchmal muss man sogar von einer Todessehnsucht sprechen. Warum kommt es zu solchen Gefühlen, nur weg sein zu wollen? Weil jetzt eine Zeit der Trennungen stattfindet: Abschied von der Kindheit, von deinen Eltern, von deren Lebensgewohnheiten. Da kann es auch zu Fantasien kommen, das Leben nicht mehr zu wollen. Vor allem, wenn du glaubst, bestimmte Dinge nicht aushalten zu können.

Wichtig ist immer, über alle Ängste zu sprechen, über Todesangst, Trennungsangst und Todessehnsucht. Solche Gefühle entstehen zu bestimmten Zeiten in allen Menschen und in der Jugend ganz besonders. Sie kommen und sie gehen auch wieder. Nur unser Handeln dürfen sie nicht beherrschen.

ÜBUNG

Hast du jemanden, der auf dem Friedhof begraben liegt? Gehe ihn oder sie besuchen. Leg eine Blume aufs Grab oder einen Brief oder ....
Schau dir das Grab und den Friedhof ganz genau an. Wie fühlst du dich? Was hast du für Gedanken? Vielleicht willst du sie aufschreiben oder mit einem Freund, einer Freundin darüber reden?

HEY Tod!
DU GEHÖRST
ZUM Leben DAZU.
NEUGIERIG &
EHRFÜRCHTIG
lerne ICH DICH
kennen!

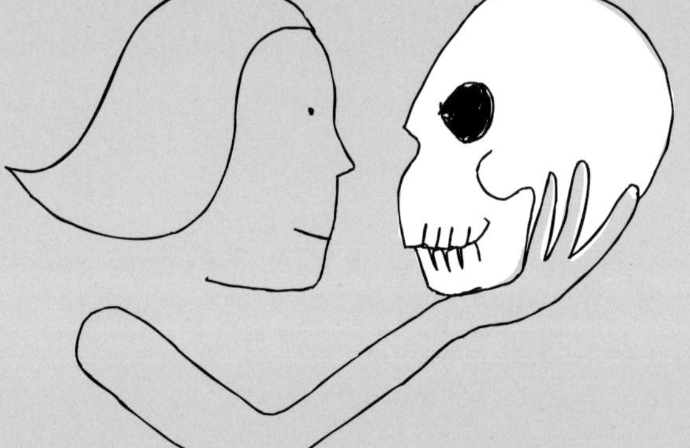

Warum immer ich?

Zeugnis

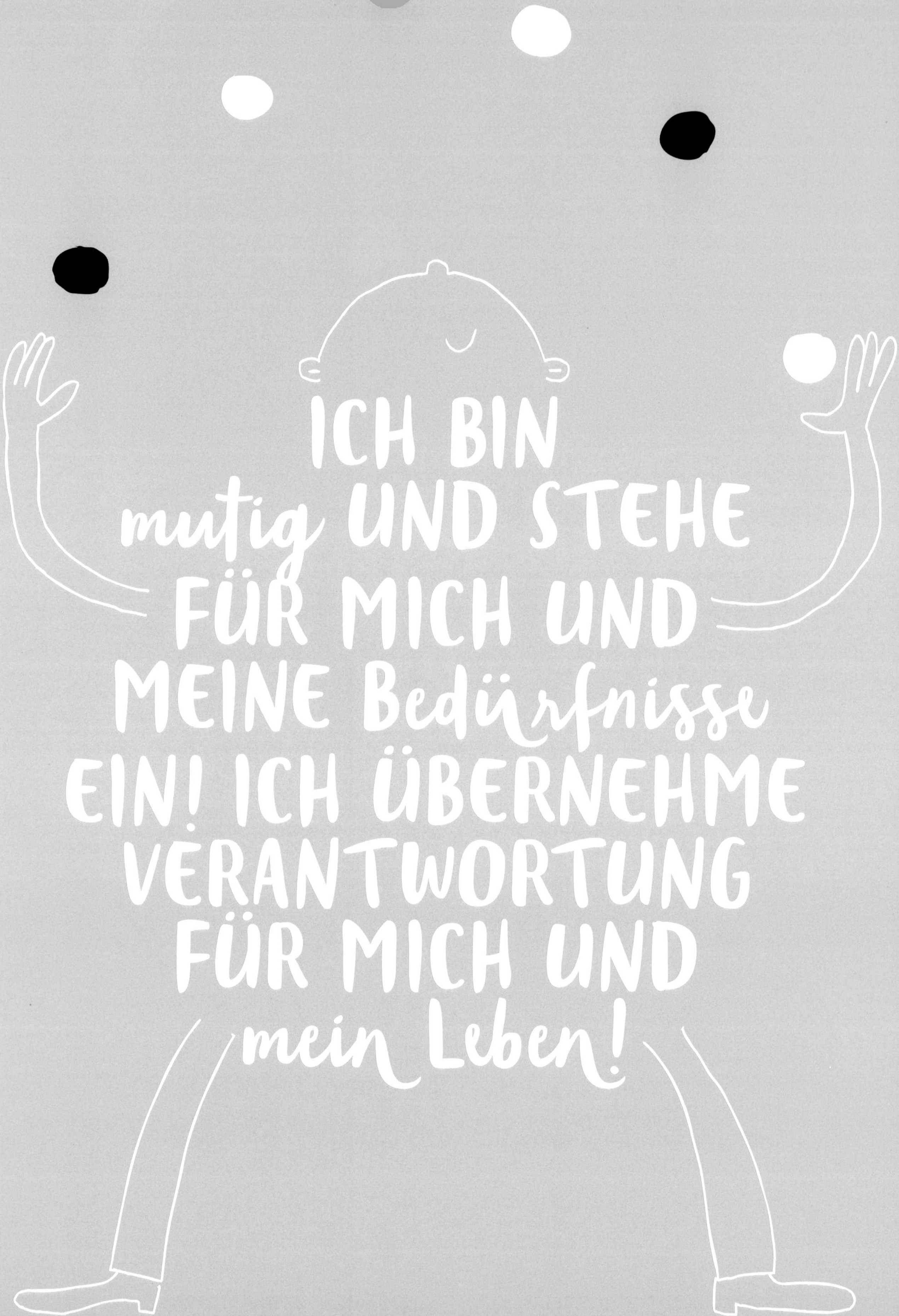
ICH BIN
mutig UND STEHE
FÜR MICH UND
MEINE Bedürfnisse
EIN! ICH ÜBERNEHME
VERANTWORTUNG
FÜR MICH UND
mein Leben!

WARUM IMMER ICH?

Bis jetzt bist du von deinen Eltern rundum versorgt worden, denn du warst ein Kind. Dafür warst du ihnen manchmal dankbar. Aber es hat dich auch hilflos gemacht, gelegentlich auch richtig wütend. Auf einmal wird von dir erwartet, dass du immer vernünftig sein sollst. Dass du immer alles richtig machen sollst. Und richtig ist das, was deine Eltern von dir erwarten.

Deine Leistungen in der Schule sind schlechter geworden. Dein Vater droht dir ständig, dass du mit deinen jetzigen Noten gerade mal Friseur werden kannst. Vielleicht solltest du die Schule wechseln. Aber du willst deine Freundinnen und Freunde nicht verlieren, schon deshalb willst du das nicht. Deine Mutter meint, du seist nur bequem, nie würdest du ihr helfen.

Dauernd sagt irgendjemand, dass du alles falsch machst. Zu Recht macht dich das sauer. Oft gab es schon Streit deswegen. Du hast deine Mutter angebrüllt, sie hat zurückgeschrien. Abends im Bett hat es dir leidgetan.
Erst durftest du nichts machen, auf einmal sollst du total selbstständig sein. Wenn du dann etwas tust, dann machst du alles falsch! Immer bist du an allem schuld! Aber gefällt dir diese Rolle? Nein, du wirst ihnen zeigen, was du alles kannst und wer du bist. Alle werden darüber noch staunen!

Deine Eltern haben immer noch Verantwortung für dich. Elterliche Besorgnis besteht aus einfühlsamer Liebe und Grenzsetzung, deine Eltern haben Angst, dass sie dich nicht mehr erreichen, dass du vielleicht scheitern könntest. Deswegen sind sie angespannt und das kann leicht zu Auseinandersetzungen führen. Danach sind deine Eltern genauso traurig wie du. Es ist darum wichtig, wieder aufeinander zuzugehen. Die Pubertät ist eine Krise für die gesamte Familie, alle sind jetzt genervt und an ihren Grenzen.

ÜBUNG

Versuche deiner Mutter oder deinem Vater zu erklären, wie du dich gerade fühlst. Spreche dabei in Ich-Sätzen und bleib ganz bei dir. Es geht nicht darum, dem anderen Vorwürfe zu machen oder sein „falsches" Verhalten aufzuzeigen. Es geht darum, dass dein Gegenüber versteht, wie es dir gerade geht. Zum Beispiel: „Es macht mich sehr traurig, dass wir uns so oft streiten." „Ich habe das Gefühl, dass ich euch nicht zufriedenstellen kann. Alles was ich mache, ist nicht genug. Das frustriert mich!" „Ich habe das Gefühl, dass ich plötzlich alles richtig machen muss, aber das überfordert mich. Ich bin keine Maschine!" „Es ist ganz schön anstrengend, erwachsen zu werden und auch noch den Erwartungen von außen zu genügen. Ich fühle mich von euch unter Druck gesetzt, das ist sehr anstrengend für mich!"

WOHIN?
MIT DER
WUT

WOHIN MIT DER WUT?

In letzter Zeit rastest du echt schnell aus. Kleinigkeiten genügen, um dich in rasende Wut zu versetzen und du verstehst gar nicht warum und vor allem wohin damit! Es ist so schwer, dich zu kontrollieren ...

Neulich hat so ein Typ deine Freundin angemacht. Du hättest vor grenzenloser Wut am Liebsten Kleinholz aus ihm gemacht. Aber du weißt, dass das falsch ist und noch viel mehr Ärger mit sich bringen würde. Du hast dich gerade noch so zurückgehalten. Wut lässt sich nicht einfach abreagieren. Sie verschwindet nur, wenn du versuchst, nicht mehr an den Vorfall zu denken.

Ärger, Hass und Wut nennt man auch Affekte, das sind kurzzeitige Gefühlsstürme. Im Tierreich entsteht Aggression, wenn das Territorium bedroht wird, wenn ein Rivale auftaucht und der Nachwuchs in Gefahr ist. Das ist bei Menschen nicht anders. Aggression kann so richtig gefährlich werden, weil sie von Fantasien und Affekten begleitet wird (wie das auch bei der Sexualität der Fall ist, mehr hier: „Sex UND Liebe?“).

Alle Gewalttaten auf der ganzen Welt haben ihre Wurzeln in schweren Kränkungen. Es ist eine wichtige Aufgabe von uns Menschen, von klein an zu lernen, wie man Affekte reguliert, aufschiebt und beherrscht. Du kannst lernen, deine Wut abzukühlen, sie an geeigneter Stelle rauszulassen oder sie nicht immer wieder aufzuwärmen. Du bist der Chef, was dein Verhalten angeht – nur du kannst dich selbst überwinden. Du bestimmst, welche Richtung dein Leben nimmt!

ÜBUNG

Wenn du jetzt über deine Wut nachdenkst: Hat sie eine Farbe? Eine Form? Ist sie vielleicht sogar eine Figur oder ein Symbol? Bewegt sie sich? Im Körper oder außerhalb? In welche Richtung? Lerne deine Wut kennen und dann lerne, sie zu beherrschen. Du hast die Macht! Überlege dir passende Strategien: Vielleicht siehst du einen ganzen Feuerwehrzug, der deine Wut wie ein Feuer löscht? Oder sperrst du sie ein und packst sie zum richtigen Moment wieder aus?
Lenke deine Wut in eine angemessene Richtung, die dir und anderen nicht schadet: Wie viele Liegestütze oder Klimmzüge schaffst du? Rennst du gerne? Kannst du eine spezielle Kampfkunst? Benutz deine Stimme und schrei (zur Not in dein Kissen)! Machst du Musik? Lass alles raus! Nimm einen Stift und zeichne oder schreibe alle Gedanken und Gefühle aus dir raus.
Schließ deine Augen und nimm 5 tiefe Atemzüge – halte die Luft dabei immer 5 Sekunden an. Verändert sich schon was?

ICH bestimme
ÜBER MEIN
Verhalten &
MEIN Leben.
ICH HAB MICH
IM Griff!

Werde ich zurückgeliebt?

WERDE ICH ZURÜCKGELIEBT?

Du hast das schöne Mädchen aus deiner Klasse gefragt, ob sie einmal mit dir weggehen würde. Sie hat mit einem leisen, aber unverkennbar verächtlichen Lächeln gesagt: „Mit dir doch nicht ..." Das war wie ein Stich in dein Herz. Abends im Bett hast du die schreckliche Szene immer wieder erlebt. Du musstest weinen, weil du dich trotz allem so sehr nach ihr sehnst. Nach ihrem hellen Lachen, ihren leuchtenden Augen und der Art, wie sie die Haare zurückwirft. Aber das wird begleitet von dem Schmerz, dass sie dich nicht liebt. Er übertönt alles andere. Du schämst dich so schrecklich, wenn du dich an den Moment erinnerst, als du zurückgewiesen worden bist, wenn du an ihr grausames Lächeln denkst. *(mehr hier: „Wieso schäme ich mich so?")*

Du musst ständig an ihn denken. An seine Haut, seine Haare, wie er lacht. Wie süß er ist. Du bist wie besessen von ihm. Die Zeit mit ihm war so wunderschön. Du bist so unendlich in ihn verliebt. Aber dann hat er dich verlassen. Und jetzt hat er diese Neue. Du könntest sterben, dein Schmerz ist endlos. Hat er dich vielleicht sogar mit ihr betrogen? Wie konnte er dir das antun?

Von jemandem abgewiesen zu werden, den man liebt, ist wohl eines der größten Leiden, die einem Menschen zugefügt werden kann. Zum einen musst du von der Vorstellung Abschied nehmen, dass deine Liebe in Erfüllung geht. Wie jede Trennung erzeugt schon das einen heftigen Schmerz. Außerdem fühlst du dich gekränkt und tief verletzt. Von jetzt an schwanken deine Gedanken zwischen Scham, Wut und Sehnsucht nach dem geliebten Menschen.

„Vergiss ihn!", „Such Dir 'ne Neue." Diese wohlmeinenden Ratschläge helfen nicht: Das Einzige, das hilft, ist, um das geliebte Wesen, das du verloren hast, zu trauern. Erst danach kannst du dich wieder einer neuen Liebe zuwenden. Alles andere wäre unfair und könnte weitere Kränkungen nach sich ziehen.

ÜBUNG

Trauere auf deine ganz eigene Weise um deinen geliebten Menschen. Zieh dich zurück. Rede mit Freunden. Schreib Briefe, die du nicht abschickst. Tanze, schreie, male, renne deinen Schmerz aus dir raus. Jeder hat sein eigenes Tempo, seine eigene Zeit, seine eigenen Methoden, damit Wunden heilen. Hör auf dich und tu dir Gutes!

WENN ICH hinfalle,
BLEIBE ICH KURZ liegen &
spüre DEN BODEN UNTER
MIR. DANN atme ICH TIEF EIN
UND AUS. UND WENN ICH
WEINEN WILL, weine ICH. UND
WENN ICH SCHREIEN MUSS,
schreie ICH. DANN schüttle ICH
MICH WIE EIN NASSER HUND,
atme WIEDER TIEF EIN UND
AUS, stehe AUF UND gehe IN
MEINEM TEMPO
weiter.

Bin ich abhängig?

ICH spüre IN MEINE FÜSSE
UND bewege MEINE ZEHEN.
ICH wackle MIT MEINER NASE
WIE EIN HASE. ICH streiche MIR
ÜBER MEINEN KOPF. ICH nehme
MICH SELBST in den Arm.
GENAU HIER BIN ICH
zuhause.

BIN ICH ABHÄNGIG?

Gestern hast du dein Smartphone nicht sofort gefunden. Du bist in Panik geraten. Heute Nacht hat es auf deinem Nachttisch vibriert. Du bist hochgeschreckt und hast geschaut, wer da wohl geschrieben hat. Ganz ehrlich: Du kannst ohne das Ding nicht mehr sein!

Nach dem dritten Bier am Wochenende hast du dich so richtig stark gefühlt. Jetzt könntest du dieses Mädchen endlich ansprechen. Aber vielleicht lieber doch noch einen Schnaps, um ganz sicher zu gehen ...?

Vielleicht bist du noch nicht abhängig. Aber die Grenzen sind fließend. Echte Sucht ist wie ein dunkler Abgrund in uns. Der schafft schlechte Gefühle. Die können wir kurzzeitig ignorieren, indem wir essen, Alkohol trinken, fasten, laufen ... Das kann alles ganz normal sein, aber irgendwann können wir das Verlangen vielleicht nicht mehr steuern. Wir können in eine Belohnungsfalle geraten: Begehren verlangt Belohnung. Wenig später kommen die schlechten Gefühle wieder, die Belohnung muss stärker werden. Ein Teufelskreis ...

Wie kannst du deinen Selbstwert stärken, damit du ohne alkoholische Getränke selbstsicher wirst? Denk dran, dass die digitalen Medien so konstruiert wurden, dass wir abhängig werden. Versuche doch mal einige Zeit, ohne Smartphone auszukommen, es gibt so viele schöne andere Dinge. Manchmal helfen Entspannungsübungen. Oder brauchst du vielleicht therapeutische Hilfe, um mit deinen Problemen fertigzuwerden?

ÜBUNG

Überlege: Wo machst du dich abhängig? Beobachte dich ganz genau und sei ehrlich: Wann kommt der Punkt, an dem du schwach wirst und zu deiner „Droge“ greifst? Überlege dir stattdessen ein Ersatz-Verhalten. Beispiel: Ganz oft zückst du das Handy, wenn du dich unsicher fühlst und nicht weißt, wohin mit deinen Händen. Danach fühlst du dich oft leer. Versuche stattdessen, das Gefühl von Unsicherheit auszuhalten. Achte auf deinen Atem, verfolge ihn von der Nase in den Bauch und wieder zurück. Was da passiert: Wenn du dich selbst spürst, bist du mehr bei dir und nicht so abhängig von der Meinung anderer.

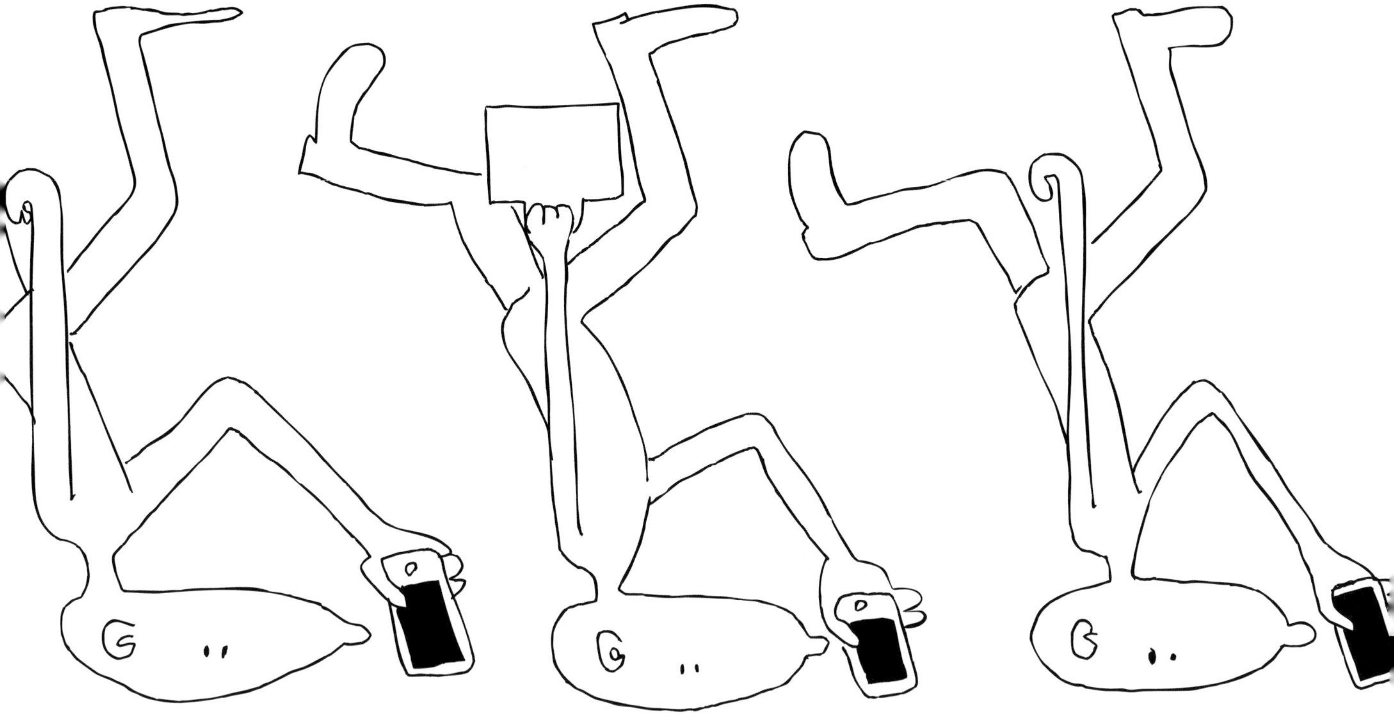

Bin ich verrückt

oder die anderen?

BIN ICH VERRÜCKT ODER DIE ANDEREN?

So viele neue Gedanken rasen durch deinen Kopf. Sie sind grässlich und schön, schrecklich und wunderbar, aufregend und beängstigend. Manchmal denkst du, du musst doch total verrückt sein, das ist doch nicht normal! Du überlegst, ob es bei anderen auch so ist. Aber du traust dich nicht zu fragen, weil man dich für durchgedreht halten könnte. Und das macht dir Angst – womöglich musst du dann in eine Klinik für Menschen, die krank im Kopf sind!

Tatsächlich denkt jeder Jugendliche mal, er oder sie sei verrückt. Das gehört in die Zeit der gewaltigen Umbrüche. (Du erinnerst dich daran, wie dein Gehirn gerade umgerüstet wird? Mehr hier: „Bin ich richtig?“) Aber was ist eigentlich verrückt? Wir haben unendlich viele Gedanken und Bilder, die Tag und Nacht aus unserem Inneren aufsteigen, als Fantasien und Träume. Gleichzeitig nehmen alle unsere Sinne die Wirklichkeit um uns wahr. Wir besitzen die Fähigkeit, beide Wahrnehmungen – von innen und von außen – getrennt halten zu können. Fachleute nennen das Realitätsprüfung. Wenn das gar nicht mehr gelingt, erst wenn sich Wahrnehmungen und Fantasien zu einem untrennbaren Gemenge vereinigen, nennt man das psychotisch, was auch manchmal als „verrückt“ bezeichnet wird.

Jede und jeder ist während der Pubertät ein wenig verrückt, kreativ, erfinderisch, voller Fantasien und Ideen. Wenn du spielst, dann kommen Fantasie und Wirklichkeit zusammen: in der Musik, in der Kunst, bei Erfindungen, beim Auswählen deines persönlichen Stils. Das Spiel ist darum die Grundlage alles Schöpferischen. Also ist Verrücktsein auch die Normalität des kreativen Menschen. Jeder und jede denkt mal, er sei verrückt. Gerade, wenn du meinst, du bist verrückt, bist du es nicht!

ÜBUNG

Schreibe deine verrücktesten Gedanken auf ein großes Blatt Papier. Oder noch besser: Besorge dir ein schönes, leeres Skizzenbuch. Und jetzt baust du aus deinen Gedanken eine Geschichte. Je abgefahrener, wilder, unvernünftiger, schräger – desto besser: Es gibt keine Grenzen! Wenn du willst, mach Zeichnungen dazu oder lies die Geschichte jemandem vor, dem du vertraust. Dann lehne dich zurück und betrachte dein Werk: Etwas Eigenes zu erschaffen macht Spaß und kann ziemlich gute Gefühle erzeugen – und die hast du nur dir und deinen verrückten Ideen zu verdanken! Und wenn es dir nicht gefällt: Schmeiß es einfach weg – das ist auch okay!

Gerade, wenn ich denke, ich bin verrückt, bin ich es nicht!

Fühle ich zu viel?

ICH DARF
MICH GENAU
SO *fühlen*,
WIE ICH MICH
GERADE FÜHLE.
ICH WEISS:
JEDES GEFÜHL
GEHT AUCH
WIEDER
vorbei.

FÜHLE ICH ZU VIEL?

Als du ganz klein warst, hat dich deine Mutter voller Liebe angesehen und gelächelt. Du warst glücklich und hast zurückgelächelt.

Du wurdest gesehen, Gefühle wurden „gespiegelt" und das ist elementar wichtig. Du hast Freude gespürt, Glück, Liebe und Zufriedenheit. Alle Menschen erfahren aber auch negative Gefühle: Erste Trennungen haben zu Ängsten geführt, Schmerzen zu Hilflosigkeit und Wut, Entbehrungen zu Neid und vielem mehr. Doch: Immer besser hast du gelernt, deine eigenen Gefühle und die anderer Menschen zu verstehen. Du bist einfühlsam geworden, empathisch. Das ist eine ganz wichtige Fähigkeit.

Doch jetzt bist du plötzlich in einem Schwarm widersprüchlicher Gefühle gefangen, die du nur schwer kontrollieren kannst. Du fragst dich zu Recht: „Fühle ich zu viel?"

Ganz sicher nicht, denn es gibt bedauernswerte Menschen, die keine oder nur wenig Gefühle spüren. Und deswegen auch blind sind für die Gefühle anderer Menschen. Viel zu fühlen ist also ein Geschenk!
Aber du bist manchmal so wütend, dass du jemanden verprügeln könntest. Gleichzeitig weißt du, dass das jede Menge Ärger bedeuten würde ... Oder ziehst du dich oft zurück, hast richtig schlimme seelischen Schmerzen, grübelst endlos? Manchmal würdest du den Schmerz am liebsten in einen körperlichen verwandeln, weil du ihn so leichter erträgst, denkst du. Aber das ist der falsche Weg, du kannst davon abhängig werden (mehr hier: „Bin ich abhängig?"). Eine Psychotherapie könnte helfen, wenn du alleine nicht weiterkommst.

Am besten ist es, Freunde zu haben, mit denen du über alles reden kannst. Es hilft auch, wenn du deine Gefühle ausdrückst: durch Schreiben, Zeichnen, Musik, Tanzen. Oder du machst Sport oder stehst mit anderen zusammen für ein ideelles Ziel ein. Denk immer dran, dass die intensiven Gefühle eine wichtige Aufgabe haben: Du sollst dich langsam von deiner Familie lösen, sollst Neues entdecken!

ÜBUNG

Stell dir Folgendes vor oder zeichne es: Ein kleines Fantasie-Wesen hält ein großes Schild in der Hand. Darauf steht: „Es geht vorbei!"
Dann übe! Jedes Mal, wenn ein unerträgliches Gefühl kommt, denk an dein Fantasie-Wesen. Fliegt es um dich herum? Lächelt es dir mitfühlend zu? Halte aus und lerne: Jedes Gefühl geht auch wieder vorbei.

werde
ich
gemocht
?

WERDE ICH GEMOCHT?

Neulich haben deine zwei Freundinnen nebeneinander gestanden, sich unterhalten und gekichert. Als du dazugekommen bist, haben sie aufgehört zu sprechen. Du hattest das Gefühl, als würdest du stören und bist dir unerwünscht vorgekommen. Haben die beiden vielleicht sogar über dich gelästert?

Du hast dich besonders aufgestylt, damit der Junge, der dir so gefällt, dich einfach bemerken muss. Aber er hat nicht einmal zu dir hingesehen. Das hat dich richtig fertig gemacht! Du zweifelst daran, geliebt zu werden.

Der Wunsch jedes Menschen, gesehen und beachtet zu werden, ist gigantisch und unstillbar. In der Pubertät wird er zu einem beherrschenden Thema – bei Mädchen ganz besonders. Alle haben mehr oder weniger Angst, nicht gesehen, gemocht, geliebt zu werden. Viele können an nichts anderes mehr denken und fürchten, nicht zu stimmen, nicht attraktiv genug zu sein. Der Gedanke kann zu einem fortwährenden seelischen Schmerz werden. Vor allem kann dich die Angst, nicht gemocht zu werden, zur Überanpassung verleiten. Weil du dich klein fühlst, versuchst du dich in übertriebener Weise anzupassen. Vielleicht wählst du besonders coole Freunde, die sich aber als die falschen entpuppen. Du rauchst nur, weil es alle tun, trägst Klamotten, in denen du dich nicht wohl fühlst, nur weil sie „in" sind.

Lass dir dein Selbst nicht verbiegen, behalte dein wahres Ich. Glaub jenen Menschen, die dich lieben und so sehen, wie du wirklich bist. Nicht der quälende Gedanke, sondern sie haben recht: Du bist richtig und wirst gemocht! Mit all deinen Stärken und Schwächen.

ÜBUNG

Wer mag dich? Deine Eltern, deine Oma, Verwandte, Freunde, Sportkollegen, Nachbarn, Tiere ... Traust du dich, ein paar davon zu fragen, was genau sie an dir mögen ...? Was magst du an dir? Mach eine Liste von Dingen und Eigenschaften, die du gut an dir findest. Und dann lies sie dir regelmäßig laut vor!

ICH SELBST BIN MEIN
bester Freund! ICH MAG MICH.
ICH MAG AUCH DAS Stachelige
AN MIR. WAS ANDERE VON MIR
denken, IST MIR egal! WICHTIG
IST, DASS ICH gut VON MIR DENKE!
ICH SUCHE MIR Freunde, DIE MICH
GENAU SO mögen, WIE ICH BIN
UND gern MIT MIR
zusammen SIND.

Ticke ich falsch?

ICH stehe
ZU MIR &
MEINEN
Gefühlen!
ICH BIN, WER
ICH bin.
ICH BIN
wertvoll.
ICH glaube
AN MICH &
AN DAS,
WAS MICH
ausmacht!

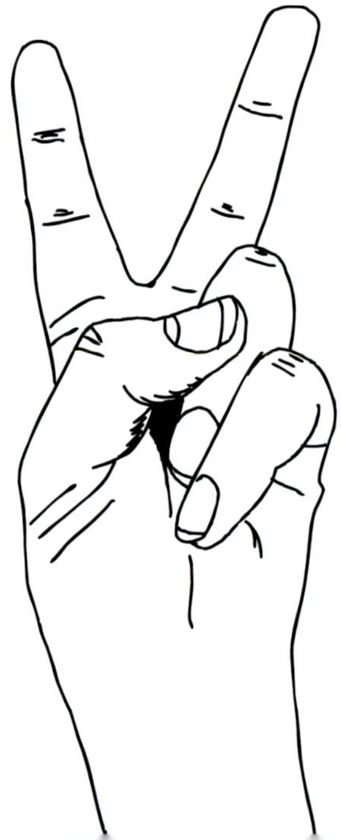

TICKE ICH FALSCH?

Heute Nacht hattest du einen unglaublich intensiven Traum: Du und dieser Junge … ihr seid euch so nah gekommen. Dabei hattest du so wunderschöne Gefühle, wie du sie noch nie zuvor erlebt hast. Diese Gefühle verfolgen dich seitdem und du fragst dich panisch: „Bin ich schwul?“ Auf keinen Fall willst du schwul sein! Auf keinen Fall willst du Schwuchtel genannt werden! Du hast das schon über andere Jungen gesagt und gleichzeitig gewusst, dass es nicht in Ordnung ist, dass es eine richtig fiese Beleidigung ist.

Kürzlich hast du mit einigen Freundinnen gemeinsam übernachtet. Als sich eine von ihnen nackt ausgezogen hat, hat dich das total angemacht. Beunruhigt hast du dich gefragt: „Bin ich lesbisch? Stehe ich etwa auf Mädchen?“ Du kannst das gar nicht glauben, denn du bist doch in diesen Jungen aus deiner Schule verknallt.

Wusstest du, dass wir als Kinder alle bisexuell sind? Das heißt, dass es noch nicht sicher feststeht, welche Sexualität wir einmal einnehmen werden. Es ist total normal, noch bis ins Jugendlichenalter zärtliche Gefühle für das eigene Geschlecht zu empfinden. Ob jemand endgültig schwul oder lesbisch wird, ist ein längerer Prozess während der Pubertät. Irgendwann wird es zur Gewissheit und durch ein entsprechendes Erleben mit einem Geschlechtspartner „festgeschrieben“.

Manche Homosexuelle haben erst sehr spät ihr „Coming-out“, andere belügen sich selbst und ihr Umfeld ein Leben lang. Das zerreißt die Seele und macht unglücklich.
Steh du zu dir und deinen Gefühlen! Du bist, wer du bist. Es wird immer Menschen geben, die über dich reden und dich schlechtmachen wollen, ob du nun hetero oder homo bist, schwarz oder weiß, klein oder groß, dick oder dünn. Wir sind alle gleich viel wert. Glaube an dich und das, was dich ausmacht!

ÜBUNG

Such mal im Netz nach homosexuellen Promis. Sie alle haben etwas Ähnliches durchgemacht und eine Geschichte zu erzählen …

Bin ich
SCHULD?

ICH akzeptiere MICH – MIT ALL MEINEN Sonnen- & Schattenseiten.

BIN ICH SCHULD?

Du hast einem Jungen gesagt, dass du nicht mit ihm zusammen sein kannst. Du fühlst nichts für ihn. Seine traurigen Augen verfolgen dich seitdem. Du fühlst dich schuldig, obwohl du doch nur ehrlich warst.

Du hast mit deinen Eltern gestritten, weil sie meinen, du würdest zu viel am Computer sitzen. Dabei hast du sie belogen und verschwiegen, dass du oft auch nachts noch zockst ...

Sich schuldig zu fühlen, ist eine schlimme Empfindung. Man glaubt einen anderen Menschen – mehr oder weniger – geschädigt oder verletzt zu haben. Die Folge ist meist, dass du lange grübelst und glaubst, eine schwere Last zu tragen. Bei depressiven Zuständen, zu denen Mädchen und Jungen während der Pubertät neigen, können Gewissensnöte mit selbstverletzendem Verhalten, Angst und Panik auftreten.

Schuldgefühle lassen sich jedoch nicht vermeiden. Um dich von den Eltern und der Familie zu lösen, musst du im guten Sinne aggressiv sein. Aggression muss nicht Zerstörung, sondern kann eine gesunde Ich-Durchsetzung sein. Aber auch eine gesunde Abgrenzung kann Schuldgefühle mit sich bringen. Jede Trennung führt zu Schuldgefühlen, die gelegentlich von Schamgefühlen begleitet sein können. Die musst du während der Pubertät und später aushalten lernen, sie gehören zum Leben dazu.

ÜBUNG

Schuldgefühle entspringen immer einer Bewertung über dich selbst. Überlege genau, wann du dich schuldig fühlst: Ist es ein berechtigtes Gefühl, das dir zeigt, dass du in Zukunft dein Verhalten verändern solltest (zum Beispiel nicht mehr lügen)? Oder hast du dich richtig verhalten und machst dich unnötig fertig und klein, weil du niemanden verletzen willst? Vielleicht spürst du den Schmerz anderer und nimmst ihn persönlich? Setz dich gemütlich und locker hin und stell dir Folgendes vor: Während du einatmest, fließt weiches, warmes, sanftes Licht in deinen Körper hinein. Du atmest aus, und alles, was nicht zu dir gehört, fließt hinaus. Du atmest erneut ein und das sanfte Licht erfüllt mehr und mehr deinen Körper. Mach das eine ganze Weile und es kann sein, dass es sich so gut anfühlt, dass du zu lächeln beginnst.

werde ich gemobbt?

WERDE ICH GEMOBBT?

Ein Foto des Kopfes deiner Freundin wurde auf das Bild des nackten Körpers einer Frau montiert und dann ins Netz gestellt. Cyber-Mobbing nennt man das. Niemand weiß, wer es getan hat. Obwohl jeder weiß, dass es ein Fake ist, hat sich deine Freundin sehr geschämt. Wahrscheinlich hat es jemand getan, der bei ihr abgeblitzt war.

Jeden Morgen wird ein Junge von einem anderen abgepasst. Dieser beschimpft ihn, nennt ihn Wichser, Opfer, schwule Sau. Niemand steht dem angegriffenen Jungen bei und der kann sich nicht wehren. Jeden Tag wächst seine Angst, so wie sich der Täter immer mächtiger und stärker fühlt.

Jeder kennt Mobbing. Es ist eine Verletzung der Seele mit oft schlimmen Folgen. Manche leiden an Ängsten und Depressionen, manche an körperlichen Problemen wie Kopf- oder Bauchschmerzen. In extremen Fällen haben sich über längere Zeit gemobbte Jugendliche auch selbst getötet. Es ist sogar schon mal zu Attentaten gekommen. Ursachen für Mobbing sind Eifersucht, Neid und Missgunst – vor allem die Lust, andere zu erniedrigen.
Jungen verletzen überwiegend mit Fäusten, Mädchen zumeist mit Worten. Mobbing kann aber auch wortlos sein und sich über Nichtbeachtung oder Verachtung in Szene setzen. Seelische Schmerzen sind oft schwerer auszuhalten als körperliche. Gelegentlich werden nicht aushaltbare seelische Schmerzen in Selbstverletzung verwandelt (mehr hier: „Fühle ich zu viel?“).

Lass nicht zu, dass schwache Mitschüler attackiert werden. Melde es sofort Lehrern oder Eltern, denn es sind richtig schlimme Taten. Wende dich sofort an Personen deines Vertrauens, wenn du gemobbt wirst. Suche Freunde, die dich unterstützen.

ÜBUNG

Schau mal ganz ehrlich bei dir nach: Wo mobbst du selbst? Wann redest du schlecht über andere, lästerst, wirfst abfällige Blicke zu? Wann stehst du nicht auf und hilfst jemandem, der offensichtlich gemobbt wird?

ICH
BIN wertvoll
& VERDIENE
Respekt! ICH
stehe FÜR MICH
& ANDERE ein.
ICH traue MICH,
Hilfe ANZUNEHMEN
UND MEINE
GEFÜHLE
auszudrücken.

Wieso schäme ich mich so???

ES GEHT
VORBEI, ICH
schaffe DAS!
ICH glaube
AN MICH!
ICH BIN
stärker,
ALS ICH
DENKE.

WIESO SCHÄME ICH MICH SO?

Gestern bist du in Mathe aufgerufen worden. Du musstest an der Tafel etwas berechnen. Als du da vorne gestanden hast, hast du die vielen Augen und Blicke in deinem Rücken gespürt. Manche gleichgültig, manche mitleidig, manche hämisch. Dir ist heiß geworden. Du hast dich gefragt, ob dein Hintern in dieser Hose nicht schrecklich aussieht. Irgendjemand hat geflüstert und gekichert – du warst dir sicher, dass es um dich ging. Du bist knallrot angelaufen und du hast es sofort gespürt. Und alle haben es gesehen, wie du gelitten hast, wie peinlich es dir war! Am liebsten wärst du im Boden versunken. Die Zeit war endlos ... die reinste Folter!

Letzte Woche hast du im Bus gesessen. Dieser Typ hat dich ununterbrochen angestarrt. Sieht er, dass du zu dick bist? Du hast angefangen zu schwitzen. O nein, nur das nicht wieder! Du willst nicht, dass man deine Unsicherheit sieht. Das passiert vor allem in engen Räumen, in der S-Bahn und im Bus! Da kann man nicht abhauen!
Und dann immer wieder die Situation in der Umkleide vor dem Sport: Viele haben so einen schönen großen, gut gewachsenen Busen. Du denkst, dass deiner viel zu klein ist. Du hast dich beim Umkleiden weggedreht, damit es niemand sieht ...

Scham ist ein wichtiges Gefühl. Du kennst es seit deinem zweiten Lebensjahr. Es schafft Distanz zwischen dir und anderen Menschen. Aber Scham kann zur Angst entgleisen und uns dann quälen. Sie kann zur Verfolgerin werden. Du glaubst dann, du kannst nichts, und fühlst dich wertlos. Du hast Angst, zurückgewiesen zu werden.
Du weißt genau, dass das nicht stimmt. Du bist doch in so vielem gut. Du bist gut gekleidet, hast eine schöne Figur. Du wirst von so vielen Menschen geliebt und gerne gesehen. Irgendein Dämon flüstert dir immer wieder ein, dass du nicht stimmst. Glaube ihm bloß nicht!

ÜBUNG

Erinnere dich an einen Moment in deinem Leben, in dem du wirklich glücklich gewesen bist. Leg dich auf dein Bett oder setz dich gemütlich hin und erlaube dir, ganz, mit allen Sinnen, in dieses Gefühl einzutauchen. Vielleicht ist es richtig lange her, vielleicht war es gestern – das ist egal! Gleite einfach in dieses Gefühl des Glücks hinein, während du ausatmest. Stell dir vor, du wirst sicher von dem Glück getragen, kannst alles loslassen. Merkst du, wie du freier wirst, irgendwie „weiter"? Es ist, als ob sich das enge Gefühl der Scham auflöst und du mit irgendetwas verbunden bist, das sich ganz natürlich anfühlt. Das ist es auch. Du kannst dieses Gefühl der Verbundenheit mit dem Glück in dein Leben tragen.

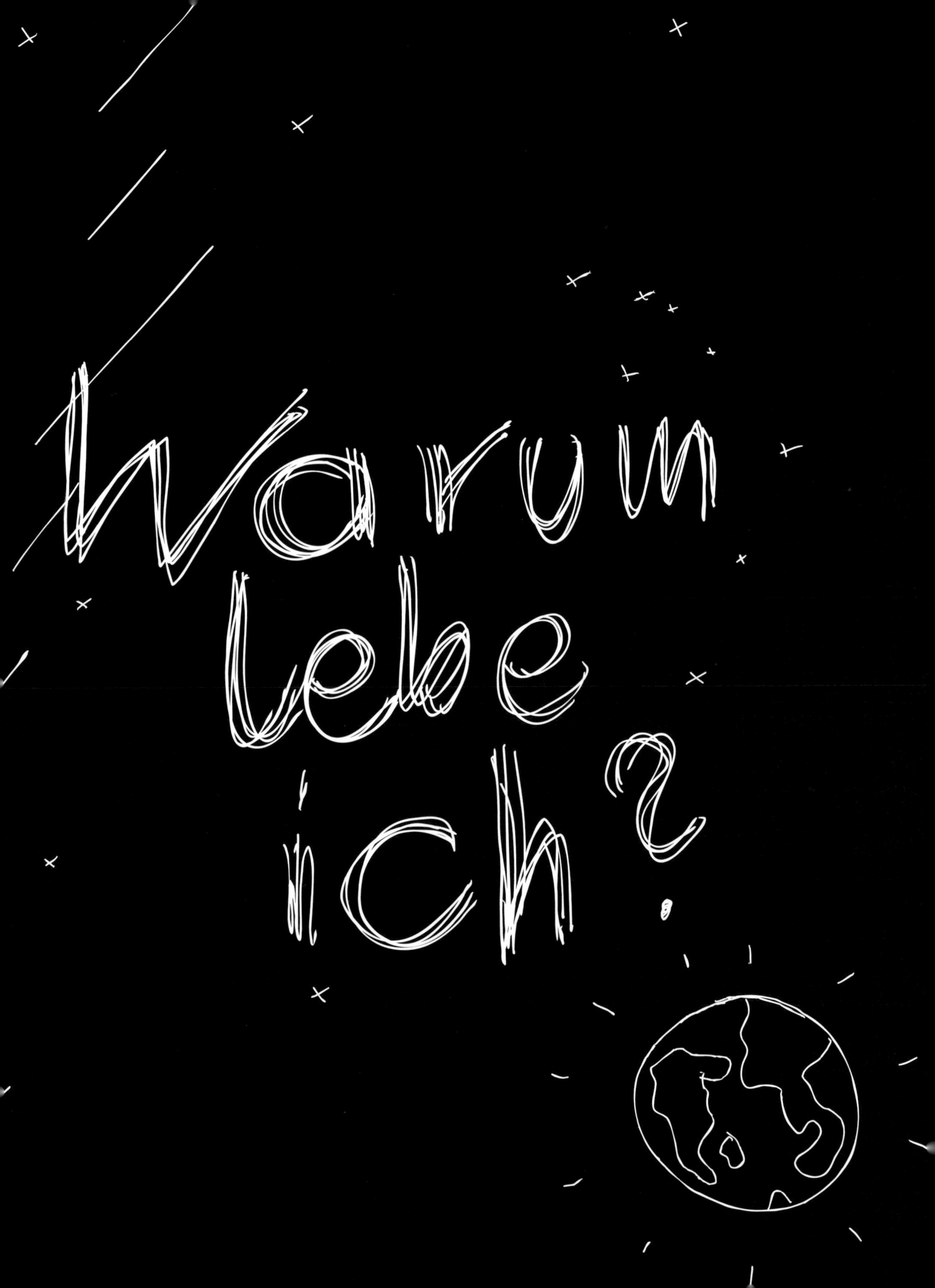
Warum lebe ich?

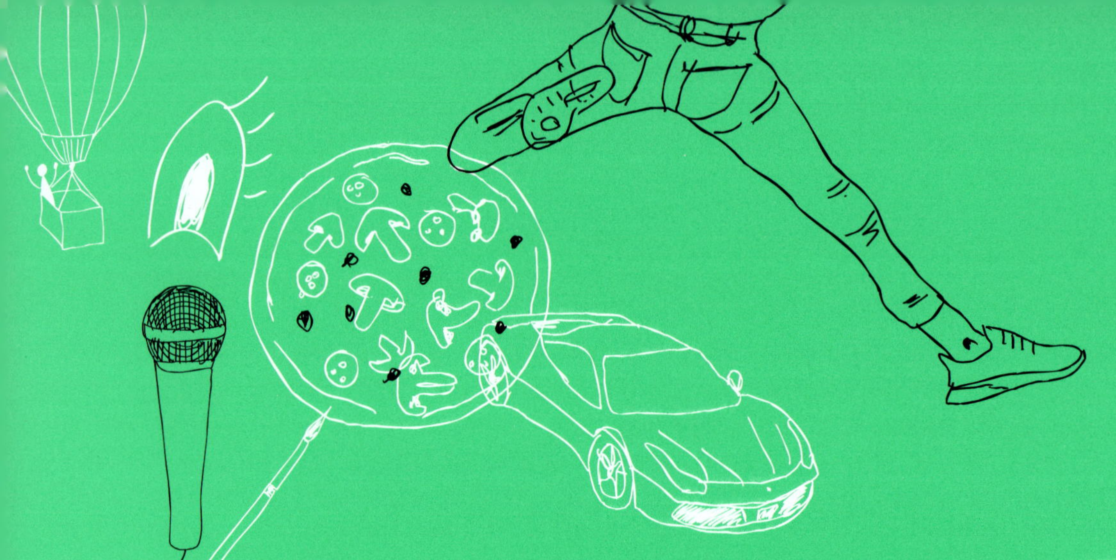

ICH öffne MICH FÜR DIE Welt UND ANDERE Menschen! ICH VERTRAUE MEINEN tiefsten Wünschen & Träumen UND BLEIBE IHNEN AUF DER SPUR. ICH HABE SO VIEL ZU geben. ICH MACHE, WAS MICH erfüllt, WAS MICH begeistert UND ZUM Strahlen BRINGT!

WARUM LEBE ICH?

Du hast gesagt, niemand hat dich je gefragt, ob du leben willst. Du wurdest einfach in diese Welt gesetzt. Das ist richtig. Früher war das keine Frage für dich. Du hast einfach gelebt, ohne zu hinterfragen, warum. Aber jetzt gehört diese Frage zu deiner Identität. Inzwischen weißt du, dass es nicht nur um dich als Einzelnen geht, sondern auch um andere, um alle Menschen. Ich will aber nur wissen, warum ich ganz persönlich lebe, sagst du!

Weil es zumeist schön ist, zu leben. Weil das Leben an sich wunderbar ist. Wenn die Sonne in dein Gesicht scheint. Wenn du was Tolles geschafft hast und dafür gelobt wirst. Wenn du an einem heißen Sommertag in die kühlen Fluten des Meeres eintauchst. Wenn deine Lieblingsmusik spielt, und du in ihr vollkommen aufgehst. Wenn du den Glanz in den Augen eines Menschen siehst, der dich liebt und begehrt. Wenn so deine Identität gespiegelt wird. Das ist eines der aufregendsten Gefühle!

Vielleicht sagst du jetzt, meist sind die Zeiten aber anders, ich fühle mich oft traurig, niedergeschlagen und depressiv. Es stimmt, das Glas ist nicht immer voll, auch nicht halb, sondern halbleer und weniger. Der Dichter Theodor Storm hat gesagt: „Man muss sein Leben aus dem Holz schnitzen, das man zur Verfügung hat." Damit meint er auch, dass wir nicht warten sollen, bis das Leben zu uns kommt, sondern wir müssen es aktiv gestalten! Fast immer ist es schön zu leben. Daran musst du glauben!

Die Frage nach dem Sinn des Lebens hat schon viele Menschen beschäftigt. Religionen, Philosophien und politische Systeme haben Antworten gesucht: Manche glauben an eine höhere Ordnung, andere an das Streben nach Glück, wieder andere an die Liebe. Fest steht: Es gibt nicht die eine Antwort für alle Menschen auf der Welt. Wichtig ist, dass du deine Antwort findest!

ÜBUNG

Mach eine Liste von Dingen und Aktivitäten, die dich so richtig glücklich machen und begeistern. Schreib auch scheinbar sinnlose Dinge auf, wie zum Beispiel den Kuchenteig aus der Schüssel lecken oder unterschiedliche Socken tragen. Häng die Liste gut sichtbar neben dein Bett, lies sie regelmäßig laut vor und erweitere sie von Zeit zu Zeit. Und dann schau, was passiert ...

Hallo! Mein Name ist Hans Hopf und ich behandele seit 45 Jahren Kinder und Jugendliche mit psychischen und psychosomatischen Störungen, in einer Praxis und als Leiter einer stationären Einrichtung. Mit den psychischen Störungen in der Pubertät habe ich mich intensiv theoretisch auseinandergesetzt und viele Bücher veröffentlicht. Als Corinna Leibig mich fragte, ob ich das Buch „Bin ich richtig?" mit ihr gestalten möchte, habe ich gerne zugesagt, Antworten auf die von ihr entwickelten Fragen zu schreiben. Die kleinen Fallgeschichten, die du im vorderen Teil lesen konntest, sind durchweg authentisch. Im hinteren Teil des Buches versuche ich nun zu erklären, was während der Pubertät in deinem Kopf passiert und wer dir helfen kann, wenn du nicht mehr weiter weißt, und wie eine Psychotherapie funktioniert. Falls du Fragen hast, kannst du mir auch gerne eine E-Mail an dr.hans.hopf@t-online.de schreiben.

Herzlich – dein Hans Hopf

WARUM FÜHLT SICH ALLES SO KOMISCH AN?

Während der Pubertät vollzieht sich eine grundlegende Neugestaltung deines Gehirns. Es kommt zum Abbau von synaptischen Verbindungen, Veränderungen im Neurotransmittersystem und zu einer generellen Umgestaltung des zentralen Nervensystems. (Im Neurotransmittersystem werden im Gehirn Botenstoffe von Zelle zu Zelle übertragen.) Während dieser „Renovierung" müssen alle Entwicklungsaufgaben, die von den biologischen Veränderungen gefordert wurden, von deiner Seele bewältigt werden.

Die Hirnareale brauchen am längsten für die Neugestaltung, sie wachsen sogar dann noch, wenn schon alle körperlichen Veränderungen abgeschlossen sind. Besonders spät ordnen sich dabei Hirnregionen, die mit Planung, Impulsivität und sozialer Bindung zu tun haben. Deswegen gibt es drei herausragende Merkmale in der Pubertät, die lange ausschließlich negativ gewertet wurden. Sie sind jedoch biologisch wichtig für deine Persönlichkeitsentwicklung. Dein Gehirn:

- ist jetzt extrem risikobereit,
- offen für starke Empfindungen
- und es orientiert sich vorwiegend an Gleichaltrigen.

Das fehlende Risikoempfinden führt allerdings nicht nur zu gefährlichen Situationen, sondern ermöglicht es dir, Unbekanntes zu erkunden. Die Bereitschaft für starke Empfindungen regt die Suche nach neuen Beziehungen an, Jungen entdecken Mädchen und umgekehrt. Allerdings wirst du durch diese Offenheit auch anfälliger für Drogenmissbrauch oder maßlosen Computerkonsum.

Jetzt geschieht eine grundlegende Reorganisation deines Gehirns. Die Pubertätszeit ist darum einer der krisenreichsten Abschnitte unseres Lebens. Großtuerei kann mit dem Gefühl von Ungenügen abwechseln, zärtliche Schwärmerei kann plötzlich von intellektueller Kälte abgelöst werden. Jetzt kann es zu vielerlei entwicklungsbedingten Störungen und Symptomen kommen, die einander ablösen können und zum Glück oft wieder verschwinden. Manche Symptome können aber auch bleiben und sich verfestigen. Sie sind jedoch nicht erst jetzt entstanden, sondern haben einen langen stummen Entwicklungsweg hinter sich. Zum Beispiel kann sich hinter der Lustlosigkeit, zu lernen und zu arbeiten, eine depressive Entwicklung verstecken. Oder du denkst plötzlich, dass du schwer erkrankt bist, gewisse Gedanken denken und gewisse Handlungen tun musst oder möchtest einfach weglaufen oder nicht mehr leben. Dann ist es erforderlich, sich an eine Psychologische Beratungsstelle, an einen niedergelassenen Kinder- und Jugend-Psychiater oder an einen Kinder- und Jugendlichen-Psychotherapeuten zu wenden. Es wird geklärt, ob es eine Durchgangsphase ist, die sich wieder zurückbilden wird, oder es sich bereits um eine psychische oder psychosomatische Störung handelt. Dann ist eine Therapie nötig. Wenn das der Fall ist, solltest du dir helfen lassen. Davor brauchst du keine Angst zu haben oder dich dafür zu schämen. Du gehst ja auch zum Arzt, wenn dein Körper krank ist. Für beides kann der Mensch nichts.

WIE KÖNNEN STÖRUNGSBILDER AUSSEHEN?

Mädchen und Jungen entwickeln unterschiedliche Störungen. Du kannst selbst unter deinen Störungen leiden, du kannst aber auch deine Umwelt leiden lassen. Bei den meisten Störungen ist beides der Fall.

Mädchen leiden stärker als Jungen unter psychosomatischen Störungen, dazu gehören zum Beispiel Magersucht und Bulimie, und einer Neigung zu vermehrter Depression und Ängsten. Die Verarbeitung ihrer Konflikte ist deutlich nach innen gerichtet und autoaggressiv. Darum kommen sie während ihrer Pubertät und danach mit Essstörungen, Depressionen sowie selbstverletzendem Verhalten in Behandlung. Jungen haben mehr Probleme mit der Beherrschung von aggressiven Affekten, sie neigen darum auch stärker zu sozial störenden, sogenannten ausagierenden, Verhaltensweisen mit Aggressionen und Hyperaktivität und tragen so ihre Konflikte in die Außenwelt – das nennt man externalisieren. Sie fallen wegen ihrer sozialen Störungen häufiger auf. Bereits vor der Pubertät kommen viermal so viele Jungen in Behandlung. Wenn du mehr über einzelne Störungsbilder wissen willst, kannst du das in dem Buch nachlesen, das ich mit Evelyn Heinemann geschrieben habe: „Psychische Störungen in Kindheit und Jugend".

WIE GEHT DAS, SICH HELFEN ZU LASSEN?

Wenn du merkst, dass etwas nicht mit dir stimmt, solltest du dich an einen niedergelassenen Kinder- und Jugend-Psychiater oder einen Kinder- und Jugendlichen-Psychotherapeuten oder an eine entsprechende Beratungsstelle wenden. Dort wird festgestellt, ob du krankheitswertige Symptome hast, oder es sich um vorübergehende Erscheinungen handelt. Wenn du an einer krankheitswertigen Symptomatik leidest, sollten deine Eltern oder du selbst eine Psychotherapie anstreben. Ab 15 Jahren kannst du das auch ohne deine Eltern tun. Wir haben in Deutschland das große Glück, dass Psychotherapie von allen Krankenkassen bezahlt wird. Dies gilt für zwei Therapieformen:

Analytische und tiefenpsychologisch fundierte Psychotherapie

Innerhalb der Psychoanalyse geht man davon aus, dass alle psychischen und psychosomatischen Symptome von bewussten und unbewussten Konflikten ausgelöst und aufrechterhalten werden. Der Austausch mit dem Therapeuten erfolgt über Sprache, Fantasie und Träume, aber auch über das Spiel. Indem man sich der Konflikte bewusst wird und sie verändert, können die Symptome gelindert und geheilt werden.

Verhaltenstherapie

Der Kerngedanke dieser Therapieform ist, dass jedes Verhalten erlernt wurde und auch wieder „verlernt" werden kann.

Inzwischen werden unterschiedliche Verfahren angewandt. Die Patienten und Patientinnen sollen die Ursachen und die Entstehungsgeschichte ihrer Probleme erfassen. Innerhalb der Therapie werden ihnen Methoden an die Hand gegeben, die sie befähigen sollen, die psychischen Beschwerden zu überwinden.

Für alle Therapieformen gilt, dass du dich auf die Therapie einlassen musst. Du musst alle Rahmenbedingungen einhalten und mitarbeiten. Dann wird es dir bald besser gehen. Manchmal kann es auch mal länger dauern, dann ist dein Durchhaltevermögen gefragt. Ob eine Therapie deiner Symptome notwendig ist, entscheidest du mit. Nach der Therapie wirst du dich besser kennen und dich, wenn deine Symptome verschwunden sind, wohler und zufriedener fühlen.

AN WEN KANN ICH MICH WENDEN?

Die Schulpsychologische Beratungsstelle (oder Bildungsberatungsstelle) bietet Entscheidungshilfen zu allen Fragen von Leistung und zur Schullaufbahn.

Die Psychologische Beratungsstelle (oder Erziehungsberatungsstelle) hilft Eltern, Jugendlichen und Kindern bei der Klärung und Überwindung von Konflikten.
Im besonderen Fall wird an einen Spezialisten weiter verwiesen.

Adressen von niedergelassenen Kinder- und Jugend-Psychiatern sowie von Kinder- und Jugendlichen-Psychotherapeuten erfährst du von der Krankenkasse oder findest du im Internet.

Listen von niedergelassenen Kinder- und Jugendlichen-Psychotherapeuten findest du auch bei den Berufsverbänden:

Vereinigung analytischer Kinder- und Jugendlichenpsychotherapeuten, www.vakjp.de (Analytische und tiefenpsychologisch fundierte Psychotherapie).

Bundesverband der Kinder- und Jugendlichenpsychotherapeutinnen und Kinder- und Jugendlichenpsychotherapeuten, www.bkj-ev.de (tiefenpsychologisch fundierte Psychotherapie).

Bundesvereinigung Verhaltenstherapie im Kindes und Jugendalter (BVKJ) e.V. www.bvkj.org (Verhaltenstherapie).

Die Nummer gegen Kummer bietet eine kostenfreie, telefonische Beratung für Kinder, Jugendliche und Eltern in ganz Deutschland: www.nummergegenkummer.de

Homepage für Jugendliche in Krisen: www.gefuehle-fetzen.de

WAS ERZÄHLEN EIGENTLICH „ERWACHSENE" ÜBER IHRE PUBERTÄT?

Durch meine Arbeit mit Jugendlichen habe ich mitbekommen, mit welchen Fragen sie sich beschäftigen. Ich wollte aber nicht nur die Fragen „meiner" Jugendlichen beantworten, sondern wissen, wie sich andere, auch ältere Menschen an ihre Zeit als Jugendliche erinnern und welche Themen für sie wichtig waren. Deswegen habe ich eine Umfrage gemacht und viele Menschen, der jüngste 19, die älteste 86 Jahre alt, gefragt. Hier sind ein paar Auszüge daraus:

Ich habe mich immer im Schatten anderer versteckt.

Ich war immer übertrieben freundlich zu anderen – ich wollte unbedingt dazugehören.

Ich habe mich sehr hässlich gefühlt: Zu dick, Pickel und Narben, Brille, Zahnspange.

Ich war immer unsicher.

Ich habe mich immer nur angepasst.

Ich kam nicht so gut mit mir klar.

Niemand hat mich verstanden!

Meine ganze Pubertät über konnte ich nur an dieses eine Mädchen denken – ich war wie besessen von ihr!

Mein Leben kam mir vor wie ein Computerspiel mit mehreren Leveln. Immer wenn ich gestorben bin, musste ich trotzdem weitermachen.

Ein absolutes Gefühlschaos.

Ich habe mich immer gefragt, warum Erwachsenwerden so schmerzhaft ist.

Ich war immer nur auf der Suche.

Ich wollte mich niemandem zumuten.

Bin ich bi? Wenn ja, wie soll ich das leben?

Ich wollte ganz schnell erwachsen werden.

Ich habe mich selber nicht verstanden und auch nicht gemocht!

Ich hatte nie den Mut, mich tatsächlich umzubringen. Heute bin ich sehr, sehr froh darüber – mein Leben hat sich sehr schön entwickelt!

Ich wollte weit weglaufen. Getan habe ich es nie.

Meine beiden Eltern sind sehr früh gestorben und ich war ganz alleine.

Ich war immer wie betäubt und flüchtete mich in Tagträume von Ruhm und Unbesiegbarkeit.

Ich war meistens wütend!

Meine Freunde waren meine Rettung!

Ich habe damals gelernt, dass ich meine Gedanken selbst steuern kann und so Ziele erreiche – das hat mich glücklich gemacht.

Wie wirke ich nach außen?

Theaterspielen hat mich glücklich gemacht!

Ich hatte immer Angst, verlassen zu werden.

Hoffentlich passiert meiner Familie nichts!

Ich habe mir vorgestellt, wie traurig meine Eltern wären, wenn ich tot wäre. Ich habe mir ausgemalt, wie sie trauern, wie ihnen bestimmte Gedanken leidtun würden.

Bin ich schön?

Ich habe nie dazugehört.

Im Rückblick würde ich nichts anders machen – ich habe getan, was damals für mich möglich war!

UND DAS MÖCHTEN SIE DIR MIT AUF DEINEN WEG GEBEN:

STEH ZU DIR UND vergleiche dich nicht MIT ANDEREN. DU WIRST ES NIE ALLEN RECHT MACHEN KÖNNEN.

AUCH WENN ALLES UND JEDER GEGEN DICH ZU SEIN SCHEINT: Glaub trotzdem an dich!!!

Scheiß DRAUF, WAS DIE ANDEREN denken!

DU BIST EIN Unikat – LERNE DICH SELBST kennen!

SUCHE DIR Freunde, DIE DICH SO mögen, WIE DU BIST. Falsche FREUNDE NUTZEN DICH AUS UND WOLLEN DICH manipulieren, SO DASS DU FÜR SIE PASST.

BLEIB NICHT ZU LANGE AUF DER dunklen SEITE DEINER Seele.

SEI DU SELBST! DU BIST toll SO, WIE DU BIST!

Lausche in dein Inneres!

FINDE HERAUS, WAS DIR WIRKLICH Freude MACHT UND DANN STEHE DAFÜR EIN!

SUCH DIR JEMANDEN, DEM DU vertrauen KANNST UND sprich ÜBER alles.

NIMM DIR ZEIT FÜR DICH: DEINE GEFÜHLE UND GEDANKEN. Trau dich DINGE ZU TUN, DIE DICH GLÜCKLICH MACHEN – EGAL WAS ANDERE DENKEN. ES IST DEIN Leben!

LERNE DEINE EIGENEN Wünsche UND Bedürfnisse KENNEN UND SETZE SIE DURCH!

LASS DIR helfen, WENN DU ALLEINE NICHT MEHR KLARKOMMST – DAS IST wahre Stärke!

Love yourself!

BITTE VERSPRICH MIR: Glaub IMMER AN DICH!

ES GEHT vorbei. DAS ALLES IST VÖLLIG normal.

SELBST WENN MANCHMAL ALLES ALS KOMPLETT sinnlos ERSCHEINT: SCHMEISS DAS LEBEN NICHT WEG – ES IST SO VERDAMMT WERTVOLL! DU BIST wertvoll!

DRÜCKE DEINE Gefühle AUS & stelle DEN ERWACHSENEN MEHR Fragen.

Eltern SIND MEIST GENAUSO überfordert VON DIESER ZEIT WIE DU & FÜHLEN SICH hilflos.

EGAL, WIE DU DICH FÜHLST: DU BIST Gewollt VOM Leben, VOM „GROSSEN Ganzen“ – SONST WÄRST DU JA NICHT HIER.

ICH BIN einfach glücklich! ES GEHT MIR gut!

Aufgepasst – auch das gibt es!

Vielleicht bist du fast immer zufrieden und liebevoll zu dir und anderen. Oder vielleicht hast du ab und an Momente, in denen du dich so fühlst.

Beides ist wertvoll und zeigt, dass du in Verbundenheit mit dem Leben bist. In diesen Phasen tankst du Kraft und spürst ein natürliches Urvertrauen.

Genieße es, egal was andere sagen! Und wenn es mal nicht so gut läuft... erinnere dich mit allen Sinnen an dieses Gefühl und ... glaube daran!

Ich öffne mich für die WELT.

ICH traue MICH, Hilfe ANZUNEHMEN

WAS jetzt IST, GEHT IRGENDWANN VORBEI. ICH GLAUBE DARAN, DASS ICH MEIN LEBEN meistern KANN UND SO gestalte, WIE ES MIR gut TUT. ICH MACHE MICH INNERLICH frei. ICH GEHE Schritt FÜR Schritt IN MEINEM EIGENEN Tempo!

Ich bin NEUGIERIG darauf, jeden Tag NEUES an mir zu entdecken.

ES GEHT VORBEI,

ICH schaffe DAS!

ICH RESPEKTIERE MEINE Grenzen.

ICH TIEF EIN UND AUS.

Ich bin bei mir zu HAUSE.

ICH HABE SO VIEL ZU geben.

Ich zähme meine Angst und mache sie mir zum FREUND.

Die ANGST weist dir den Weg.

Wünsche

Ich bin RICHTIG - genau so, WIE ICH BIN!

ICH stehe ZU MIR & ZU MEINEN Sonnen- & Schattenseiten.

ICH akzeptiere MICH - MIT ALL MEINEN

IN MEINEM TEMPO

IST, GEHT IRGENDWANN VORBEI.

jetzt

Strahlen

Ich mag mich mit allen meinen ECKEN, KANTEN & Rundungen!

Ich bin ganz einfach ICH